Hemmer/Wüst

Die Überblickskarteikarten

Öffentliches Recht im Überblick

- Prüfungsschemata

11. Auflage 2018

Klausurtypisch ▪ Anwendungsorientiert ▪ Umfassend

Hemmer/Wüst Verlagsgesellschaft
Hemmer/Wüst/Grieger, Überblickskarteikarten Öffentliches Recht

ISBN 978-3-86193-784-5

11. Auflage 2018

gedruckt auf chlorfrei gebleichtem Papier
von Schleunungdruck GmbH, Marktheidenfeld

Themenverzeichnis

Staatsrecht I

1 Zulässigkeitsvoraussetzungen der Verfassungsbeschwerde
2 Antragsberechtigung
3 Beschwerdegegenstand
4 Beschwerdebefugnis
5 Rechtswegerschöpfung und Subsidiaritätsgrundsatz
6 Begründetheit der Verfassungsbeschwerde
7 Grundrechtsfunktionen
8 Verletzung von Freiheitsgrundrechten (I)
9 Verletzung von Freiheitsgrundrechten (II)
10 Freie Entfaltung der Persönlichkeit, Art. 2 I GG
11 Allgemeiner Gleichheitssatz, Art. 3 I GG
12 Religions-, Weltanschauungs-, Gewissensfreiheit, Art. 4 GG
13 Meinungs-, Informations-, Presse- und Rundfunkfreiheit
14 Kunst- und Wissenschaftsfreiheit, Art. 5 III GG
15 Überblick über Art. 8 und 9 I GG
16 Berufsfreiheit, Art. 12 GG
17 Schutz des Eigentums, Art. 14 GG
18 Weitere Grundrechte: Art. 1 I, 2 II 1, II 2, 104 GG
19 Weitere Grundrechte: Überblick über Art. 6 und 7 GG
20 Weitere Grundrechte: Art. 10, 11 und 13 GG
21 Weitere Grundrechte

Staatsrecht II

1 Organstreit, Art. 93 I Nr.1, §§ 13 Nr.5, 63-67 BVerfGG
2 Abstrakte Normenkontrolle

Themenverzeichnis

3 Konkrete Normenkontrolle
4 Bund-Länder-Streit
5 Einstweilige Anordnung, § 32 BVerfGG
6 Überblick über die Staatszielbestimmungen
7 Rechtsstaatsprinzip - Ausprägungen
8 Die Gesetzgebungskompetenzen
9 Überblick über das Gesetzgebungsverfahren
10 Die Verwaltungskompetenzen im Grundgesetz
11 Die wichtigsten Befugnisse des Bundespräsidenten
12 Bildung der Bundesregierung/Verantwortlichkeit
13 Wahl des Bundestags
14 Funktionen des Bundestags
15 Überblick über die Finanzverfassung
16 Auswärtige Beziehungen, insb. völkerrechtliche Verträge
17 Die politischen Parteien

Verwaltungsrecht I

1 Überblick über Rechtsbehelfe
2 Anfechtungsklage - Prüfungsschema
3 § 40 I VwGO bei der Anfechtungsklage
4 Der VA-Begriff gem. § 35 VwVfG
5 Sonderfälle der Anfechtungsklage
6 Zulässigkeit der Anfechtungsklage: Klagebefugnis
7 Zulässigkeit der Anfechtungsklage: Vorverfahren
8 Ordnungsgemäße Durchführung des Vorverfahrens
9 Weitere Zulässigkeitsvoraussetzungen der Anfechtungsklage
10 Probleme zwischen Zulässigkeit und Begründetheit
11 Passivlegitimation/Klagegegner
12 Begründetheit der Anfechtungsklage: Rechtsgrundlage des VA

Verwaltungsrecht II

Themenverzeichnis

1 Verpflichtungsklage - Prüfungsschema
2 Verpflichtungsklage - Verwaltungsrechtsweg
3 Verpflichtungsklage - Statthaftigkeit
4 Fortsetzungsfeststellungsklage - Prüfungsschema I
5 Fortsetzungsfeststellungsklage - Prüfungsschema II
6 Fortsetzungsfeststellungsklage - Problemfelder
7 Allgemeine Leistungsklage - Prüfungsschema
8 Allgemeine Leistungsklage - Verwaltungsrechtsweg
9 Folgenbeseitigungsanspruch
10 Öffentlich-rechtlicher Erstattungsanspruch
11 Öffentlich-rechtlicher Vertrag
12 Kommunalverfassungsstreit
13 Begründetheit der Anfechtungsklage: Formelle Rechtmäßigkeit des VA
14 Begründetheit der Anfechtungsklage: Materielle Rechtmäßigk. des VA
15 Maßgeblicher Zeitpunkt für Beurteilung
16 Begründetheit der Anfechtungsklage: Rechtsverletzung des Klägers
17 Statthaftigkeit der Anfechtungsklage gegen Nebenbestimmungen
18 Begründetheit der Anfechtungsklage gegen NBen
19 Sonderprobleme: Anfechtungsklage gegen Rücknahme-VA
20 Sonderprobleme: Anfechtungsklage gegen Widerrufs-VA
21 Reformatio in peius im Widerspruchsverfahren

Themenverzeichnis

13 Allg. Feststellungsklage - Prüfungsschema
14 Probleme bei der allgemeinen Feststellungsklage (I)
15 Probleme bei der allgemeinen Feststellungsklage (II)
16 Normenkontrollverfahren - Prüfungsschema
17 Normenkontrollverfahren - Rechtsvorschrift i.S.d. § 47 VwGO
18 Normenkontrollverfahren Problemfelder
19 Überprüfung der Rechtsvorschrift

Verwaltungsrecht III

1 Widerspruchsverfahren im Überblick
2 Prüfungsschema zum Widerspruch
3 Begründetheit des Widerspruchs
4 Vorläufiger Rechtsschutz - Überblick
5 § 80 VwGO im Überblick
6 Zulässigkeit des Antrags nach § 80 V VwGO
7 Begründetheit des Antrags nach § 80 V VwGO
8 Vorläufiger Rechtsschutz nach § 80a VwGO
9 Einstweilige Anordnung nach § 123 VwGO
10 Vorläufiger Rechtsschutz im Normenkontrollverfahren
11 Vorbeugender Rechtsschutz
12 Rechtsmittel: Berufung
13 Rechtsmittel: Revision zum BVerwG
14 Rechtsmittel: Beschwerde

Zulässigkeitsvoraussetzungen der Verfassungsbeschwerde

I. Jedermann

1. Beschwerdeberechtigung
2. Verfahrensfähigkeit
3. Postulationsfähigkeit

II. Beschwerdegegenstand

Akte aller drei öffentlichen Gewalten, Art. 1 III GG

III. Beschwerdebefugnis

1. Behauptung der Verletzung von
2. Grundrecht oder grundrechtsähnlichem Recht
3. Rechtsrelevanz des angegriffenen Aktes
4. Betroffenheit
   a) selbst
   b) gegenwärtig
   c) unmittelbar

IV. Rechtswegerschöpfung und Subsidiarität

VB ultima ratio

V. Sonstige Voraussetzungen

1. allgem. Rechtsschutzbedürfnis
2. Form und Frist
3. keine entgegenstehende Rechtskraft o. Rechtshängigkeit

HEMMER-METHODE zu ÜK 1

Die Individualverfassungsbeschwerde (VB) gem. Art. 93 I Nr.4a GG, §§ 13 Nr.8a, 90 ff. BVerfGG hat in Klausur (als wichtigster Fall der Grundrechts-Prüfung) und Praxis (90% der beim BVerfG anhängigen Verfahren sind Verfassungsbeschwerden) große Bedeutung. Sie dient sowohl der Sicherung und Durchsetzung subjektiver (Grund-)Rechtspositionen als auch der Einhaltung objektiven Verfassungsrechts. In der Reihe der Verfahren, für die das BVerfG zuständig ist (vgl. § 13 BVerfGG), nimmt die VB als Rechtsschutzmöglichkeit des einzelnen Bürgers eine Sonderrolle ein. Sie ist ein außerordentlicher Rechtsbehelf ohne Suspensivwirkung, kein Rechtsmittel i.S.d. Prozessgesetze und gehört nicht zum Rechtsweg.

Die umseitig dargestellten Zulässigkeitsvoraussetzungen der VB ergeben sich aus den §§ 90 ff. BVerfGG und z.T. aus der Rechtsprechung des BVerfG. Jedenfalls kurz sollten Sie in der Klausur die Punkte Beschwerdeberechtigung (ÜK 2), Beschwerdegegenstand (ÜK 3), Beschwerdebefugnis (ÜK 4), Rechtswegerschöpfung und Subsidiarität (ÜK 5) und die Frist ansprechen, die übrigen Punkte nur, wenn sich aus dem Sachverhalt ein Erörterungsbedarf ergibt.

Das allgemeine Rechtsschutzbedürfnis ist wie bei allen Zulässigkeitsprüfungen nur ausnahmsweise zu problematisieren, bei der VB gilt dies v.a., weil die Erfordernisse des selbst, gegenwärtig und unmittelbar Betroffenseins bzw. die Subsidiarität spezielle Ausprägungen des Rechtsschutzinteresses sind.
Die Form der VB richtet sich nach §§ 23, 92 BVerfGG, die Frist nach § 93 BVerfGG (grds. Abs. 1: 1 Monat, aber bei VB gegen Gesetz bzw. Hoheitsakt, gegen den der Rechtsweg nicht eröffnet ist, gilt Abs. 3: 1 Jahr).

Nicht zu den Zulässigkeitsvoraussetzungen der VB i.e.S. gehört das Verfahren zur Annahme der VB gem. §§ 93a ff. BVerfGG. Der Vollständigkeit halber kann dies jedoch kurz erwähnt werden.

Beschwerdeberechtigung

steht jedermann zu, der behauptet, durch die öffentl. Gewalt in einem seiner in Art. 93 I Nr.4a GG genannten Rechte verletzt zu sein, richtet sich also nach der

Grundrechtsfähigkeit

bei natürlichen Personen (+), insbesondere

- **Ausländer u. Staatenlose** genießen „Auffangschutz" durch Art. 2 I GG bei den sog. Bürgerrechten, die nur Deutschen bzw. wegen Art. 18 AEUV Unionsbürgern vorbehalten sind, nach a.A. auch bei Unionsbürgern nur Art. 2 I GG
  Bsp.: Art. 8, 9, 11, 12 GG
- **Minderjährige** sind nach h.M. stets grundrechtsfähig, fraglich kann nur GR-Mündigkeit sein. Dies ist eine Frage der Prozessfähigkeit.
- **Nasciturus** ist zumindest bzgl. Art. 1 I, 2 II S.1 u. 14 I GG grundrechtsfähig.
- **Antragsberechtigung erlischt grds. mit dem Tod**, aber nicht bzgl. Schutz aus Art. 1 I GG

bei juristischen Personen nur unter den Voraussetzungen des Art. 19 III GG

- inländische juristische Pers. d. Privatrechts (+), wenn GR seinem Wesen nach anwendbar, d.h. mit korporativer Seite
- inländische nicht rechtsfähige Personengemeinschaften (+), wenn gewisse binnenorganisatorische Struktur u. Fähigkeit zur eigenen internen Willensbildung, z.B. OHG, KG zumindest partiell; polit. Parteien, soweit bürgerl.-rechtl. Status betroffen (bei Rechten aus Art. 21 GG Organstreit)
- ausländische (nicht europäische) juristische Personen grds. (-), aber (+) bzgl. den Verfahrensgrundrechten (Art. 103 I, 101 I S.2 GG)
- jurist. Pers. d. öffentl. Rechts grds. (-), Ausnahmen: Verfahrensgrundrechte, grundrechtsdienende jurist. Person (Universitäten bzgl. Art. 5 III S.1 GG, Rundfunkanstalten bzgl. Art. 5 I GG), Religionsgemeinschaften Art. 140 GG, 137 WRV, z.B. bzgl. Art. 4 GG, und jur. Personen aus dem EU-Ausland

Mit dem Begriff des Jedermann i.S.d. Art. 93 I Nr.4a GG, § 90 I BVerfGG werden drei Problembereiche verknüpft: Beschwerdeberechtigung, Verfahrensfähigkeit und Postulationsfähigkeit. Zur Antragsberechtigung vgl. die umseitige Darstellung. Probleme ergeben sich hier v.a. bei den juristischen Personen, deren Grundrechtsfähigkeit sich nach Art. 19 III GG richtet. Dabei ist zu beachten, dass das Vorliegen einer juristischen Person in diesem Sinn sich nicht nach dem Gesellschaftsrecht, sondern nach dem Verfassungsrecht richtet (vgl. umseitig). Ganz allgemein können juristische Personen sich nur auf solche Grundrechte stützen, die ihrem Wesen nach auf sie anwendbar sind (z.B. Art. 2 I, 3 I, 9, 12 I, 13, 14 I, 101 I S.2, 103 I GG; nicht hingegen Art. 1 I, 2 II GG). Bei nichtrechtsfähigen Personengemeinschaften kommt es auch auf die Natur des geltend gemachten Grundrechts an und darauf, welche Rechte das Gebilde nach allgemeinem Recht hat.

Juristische Personen des öffentlichen Rechts sind bei der Erfüllung ihrer öffentlichen Aufgaben, von den umseitig dargestellten Ausnahmen abgesehen, nicht grundrechtsfähig, da die Grundrechte ihrem Wesen nach den Staat verpflichten und nicht berechtigen sollen.

Verfahrensfähig ist im VB-Verfahren ohne weiteres, wer nach bürgerlichem Recht geschäftsfähig ist, aber auch Minderjährige, soweit sie grundrechtsmündig sind. Dafür ist der Inhalt des jeweiligen Grundrechts und die rechtliche Zuweisung bzgl. der Materie an den Minderjährigen maßgeblich (Bsp. im Bereich von Art. 4 GG: RelKErzG). Eine Analogie zum sonstigen Verfahrensrecht lehnt das BVerfG für die im BVerfGG nicht geregelte Verfahrensfähigkeit i.R.d. VB ab.

Eine Verfahrensstandschaft kennt das BVerfGG nicht, dem Beschwerdeführer muss das geltend gemachte Recht also selbst zustehen.

Beschwerdegegenstand

⇨ gem. Art. 93 I Nr.4a GG, § 90 I BVerfGG nur **Akte der öffentlichen Gewalt**, d.h. alle Maßnahmen der deutschen mittel- u. unmittelbaren Staatsgewalt:

Akte der rechtsetzenden Gewalt

- alle **formellen** u. **materiellen Gesetze** (vgl. §§ 93 III, 94 IV, 95 III BVerfGG), aber nicht Verwaltungsvorschriften
- **Gesetze** grds. **erst ab Verkündung** (Ausnahme: Zust.-gesetz zu völkerrechtl. Verträgen)
- nicht: bloße Neubekanntmachung, aber: Gesetzesänderung
- **Kontrolle gesetzgeb. Unterlassens nur, wenn echtes Unterlassen**, d.h. gänzliches Untätigbleiben trotz bestehender konkreter Handlungs- u. Schutzpflichten (zu ermitteln durch Auslegung der Grundrechte)

Akte der vollziehenden Gewalt

- **alle Akte** der **Exekutive**, egal, ob Leistungs- oder Eingriffsverwaltung
- VB aber regelmäßig gegen abschließende Gerichtsentscheidung i.V.m. angegriffener Verwaltungshandlung gerichtet **(Rechtswegerschöpfung!)**
- **Gnadenentscheidungen** (str.)
- **Fiskal. Handeln** nach h.M. (-), VB nur gegen bestätigende Zivilrechtsurteile, nach BVerfG aber auch hier unmittelbare Grundrechtsbindung

Akte der richterlichen Gewalt

- grds. **jede Gerichtsentscheidung**, nicht aber solche des BVerfG
- bei letztinstanzl. Entscheidung d. vorläufigen Rechtsschutzes u.U. erst Hauptsacheverfahren durchzuführen (Subsidiarität!)
- VB kann darauf gestützt werden, dass:
  - ⇨ Entscheidung auf verfassungswidrigem Gesetz beruht
  - ⇨ Gericht gg. Verfahrensnorm d. GG verstoßen hat
  - ⇨ Entscheidungsinhalt gegen GG verstößt

HEMMER-METHODE zu ÜK 3

Der Begriff der öffentlichen Gewalt i.S.d. Art. 93 I Nr.4a GG, § 90 I BVerfGG unterscheidet sich von dem der öffentlichen Gewalt in Art. 19 IV GG, der nach allgemeiner Meinung Akte der Rechtsprechung grds. nicht erfasst, da Gerichtsentscheidungen nicht endlos überprüft werden sollen und nach dem BVerfG auch auf Gesetzgebungsakte des parlamentarischen Gesetzgebers nicht anwendbar sind. Beschwerdegegenstand der Verfassungsbeschwerde können Akte aller drei Gewalten sein, die i.ü. in Art. 1 III GG aufgeführt sind (Übersicht siehe umseitig!).

Problematisch ist insbesondere die Kontrolle gesetzgeberischen Unterlassens. Grds. sind zwar gem. § 92 BVerfGG auch Unterlassungen der öffentlichen Gewalt verfassungsbeschwerdefähig. Für ein Unterlassen des Gesetzgebers gilt das aber nur mit Einschränkungen, die sich aus dem weiten Spielraum bei der Gesetzgebung ergeben. Dem Gesetzgeber steht es nach dem GG i.d.R. frei, eine Materie gesetzlich zu regeln oder nicht. Handlungspflichten können sich für ihn nur aus verfassungsrechtlichen Normen ergeben, die die Legislative zu einem spezifischen Tun verpflichten (z.B. Art. 6 V, 12a II S.3 GG).

Gegenstand der VB können grds. auch nur Akte der öffentlichen Gewalt der BRD sein, da die Grundrechte und grundrechtsgleichen Rechte des GG nur die deutsche öffentliche Gewalt binden. Das BVerfG hat allerdings ausdrücklich festgestellt, dass es den Grundrechtsschutz auch ggü. Akten europäischer öffentl. Gewalt gewährt. Bzgl. Akten der Organe der EU ist die Solange-Rechtsprechung des BVerfG zu beachten: Danach liegt bei sekundärem Unionsrecht, v.a. bei Verordnungen der EU, kein zulässiger Beschwerdegegenstand vor, solange ausreichend Grundrechtsschutz auf europäischer Ebene generell gewährleistet ist. Im Hinblick auf den EuGH verzichtet das BVerfG grds. auf eine eigene Überprüfung (Kooperationsverhältnis). Etwas anderes gilt nur dann, wenn die Organe der EU schwerwiegend und evident „ultra-vires" gehandelt haben, also ihre Kompetenzen überschritten haben, was insbesondere dann der Fall ist, wenn der Kernbereich der Art. 23 I S.3, 79 III GG betroffen ist (Identitätskontrolle).

Beschwerdebefugnis

I. Behauptung der Rechtsverletzung

Das BVerfG verlangt die ausreichend substantiierte Behauptung einer Grundrechtsverletzung, und diese muss zumindest als möglich erscheinen.

↓

II. Bzgl. Grundrecht oder grundrechtsgleichem Recht

Ausschl. die in Art. 93 I Nr.4a GG, § 90 I BVerfG genannten Rechte, über Art. 2 I GG mittelbar auch obj. Verfassungsrecht

↓

III. Rechtsrelevanz des angegriffenen Aktes

Nur, wenn er materielle Entscheidung enthält und unmittelbare Auswirkungen zeigt

↓

IV. Betroffenheit des Beschwerdeführers

1. selbst

- bei Nicht-Adressat unmittelbare, rechtliche Betroffenheit erforderlich

2. gegenwärtig

- nicht erst i.d. Zukunft (⇨ bei Gesetzen grds. erst ab Verkündigung)
- (+), wenn BF schon zu nicht mehr korrigierbaren Entscheidungen gezwungen ist
- Betroffenheit muss grds. noch fortbestehen

3. unmittelbar

- grds. (-), wenn noch Vollzugsakt erforderlich
- Ausnahmen:
  - ⇨ wenn Normanwendung keinen Entscheidungsspielraum lässt
  - ⇨ Unzumutbarkeit, v.a. bei Strafvorschriften

HEMMER-METHODE zu ÜK 4

Nach Art. 93 I Nr.4a GG, § 90 I BVerfGG ist beschwerdebefugt im Verfahren der VB, wer behauptet, durch die öffentliche Gewalt in einem seiner Grundrechte oder dort genannten grundrechtsgleichen Rechte verletzt zu sein.

Die Formel, der Beschwerdeführer müsse substantiiert behaupten, selbst, gegenwärtig und unmittelbar betroffen zu sein, hat das BVerfG für die unmittelbar gegen Rechtsnormen gerichtete VB entwickelt. Sie wird auch bei Beschwerden gegen Einzelakte angewendet, bedarf aber i.d.R. bei Beschwerden gegen Gerichtsentscheidungen keiner näheren Prüfung. Diese Erfordernisse sind, wie die Subsidiarität der VB, spezielle Ausprägungen des Rechtsschutzinteresses. I.d.R. muss darüber hinaus nichts mehr zum allgemeinen Rechtsschutzbedürfnis ausgeführt werden.

Außer bei Verfassungsbeschwerden gegen Rechtsnormen ist die Beschwerdebefugnis auch bei Verfassungsbeschwerden gegen Zivilurteile nicht unproblematisch. Der Richter kann durch sein Urteil Grundrechte nämlich nur dann verletzen, wenn diese im Zivilrecht überhaupt Geltung entfalten. Deshalb sollten Sie bereits an dieser Stelle der Klausur die mittelbare Drittwirkung der Grundrechte erörtern.

Rechtswegerschöpfung u. Subsidiaritätsgrundsatz

Rechtswegerschöpfung

beruht auf § 90 II S.1 BVerfGG, Art. 94 II S.2 GG

Def. Rechtsweg: Der Weg der gerichtlichen Nachprüfung des Hoheitsaktes einschließlich der Durchführung vorgeschriebener Vorschaltverfahren und der Erhebung möglicher Rechtsmittel mit oder ohne Devolutiveffekt

Rechtswegerschöpfung entbehrlich:

- § 90 II S.2 (1.Alt.) BVerfGG: Vorabentscheidung von allg. Bedeutung
- § 90 II S.2 (2.Alt.) BVerfGG: schwerer u. unabwendbarer Nachteil
- Unzumutbarkeit der Rechtswegerschöpfung (materiell oder prozessual)

Subsidiaritätsgrundsatz

nach der Rspr. des BVerfG muss der Beschwerdeführer über die **Rechtswegerschöpfung i.e.S.** hinaus alle nach Lage der Sache zur Verfügung stehenden Möglichkeiten ergreifen, um eine Korrektur der geltend gemachten Verfassungsverletzungen zu erwirken bzw. eine Grundrechtsverletzung zu verhindern

HEMMER-METHODE zu ÜK 5

Die Zulässigkeitsvoraussetzung der Rechtswegerschöpfung ergibt sich für die VB ausdrücklich aus § 90 II S.1 BVerfGG, der sich auf Art. 94 II S.2 GG stützt. Dafür muss der Beschwerdeführer grds. alle zulässigen und ihm zumutbaren prozessualen Möglichkeiten zur Beseitigung der behaupteten Grundrechtsverletzung in Anspruch genommen haben. Neben den normierten Ausnahmen in § 90 II S.2 BVerfGG lässt das BVerfG auch eine VB ohne vorherige Rechtswegerschöpfung zu, wenn diese unzumutbar ist. Dies kann sich aus materiellen Gründen (z.B. bei entgegenstehender gefestigter höchstrichterlicher Rechtsprechung, eindeutiger gesetzlicher Regelung, Verweigerung der Prozesskostenhilfe) oder prozessualen Gründen (z.B. wenn unsicher ist, welches von mehreren Verfahren in Betracht kommt) ergeben.

Dieses Gebot der Rechtswegerschöpfung ist nach ständiger Rechtsprechung des BVerfG die gesetzliche Ausprägung des Grundsatzes der Subsidiarität der VB. Nach diesem Grundsatz muss der Beschwerdeführer über die o.g. Rechtswegerschöpfung hinaus jede zumutbare Möglichkeit ausschöpfen, um die Grundrechtsverletzung abzuwenden. Daraus ergibt sich z.B., dass beim vorläufigen Rechtsschutz grds. das Hauptsacheverfahren abzuwarten ist, obwohl dieses nicht zum eigenständigen Rechtsweg des vorläufigen Rechtsschutzes gehört (zu den Ausnahmen vgl. StaatsR I, Rn. 60), oder bei einer VB direkt gegen Gesetze (i.d.R. kein Rechtsweg gegeben!) zunächst alle Möglichkeiten einer Inzidentkontrolle durch die Fachgerichte wahrzunehmen sind.

Obwohl Rechtswegerschöpfung und Subsidiaritätsgrundsatz also eng zusammenhängen (Subsidiaritätsgrundsatz umfasst Rechtswegerschöpfung, ist durch erweiternde Interpretation daraus abgeleitet), vermeiden Sie aber unbedingt, die Prüfung der beiden Aspekte zu vermischen: Prüfen Sie nach § 90 II BVerfGG, ob darüber hinaus noch Anstrengungen des Beschwerdeführers nach dem Grundsatz der Subsidiarität erforderlich sind.

Begründetheit der Verfassungsbeschwerde: Prüfungsumfang

gem. Art. 93 I Nr.4a GG, § 90 I BVerfGG: Grundrechte d. Art. 1-19 GG, grundrechtsgleiche Rechte d. Art. 20 IV, 33, 38, 101, 103, 104 GG

↓ mittelbar
(umfassende Prüfungsbefugnis des BVerfG unabhängig von dem als verletzt gerügten Grundrecht)

sonstiges (objektives) Verfassungsrecht

Z.B. auch Kompetenz- oder Verfahrensvorschriften des GG, dann: Grundrechtsverletzung auch durch Verstoß gegen sonstiges Verfassungsrecht möglich (so das BVerfG zunächst für Art. 2 I GG, gilt gleichermaßen für alle Grundrechte)

Problem: auch Rechtsstaatsgebot ⇨ Vorrang des Gesetzes ⇨ Verstoß gegen einfaches Gesetzesrecht vom BVerfG auch zu prüfen?
⇨ so würde BVerfG zur Superrevisionsinstanz bei Gerichts- oder Behördenentscheid!

Lösung: BVerfG prüft alle gerichtlichen Entscheidungen nur auf Verletzung spezifischen Verfassungsrechts!

HEMMER-METHODE zu ÜK 6

Die VB ist begründet, wenn der Beschwerdeführer in seinen Grundrechten bzw. grundrechtsgleichen Rechten verletzt ist. Prüfungsmaßstab sind die in Art. 93 I Nr.4a GG, § 90 I BVerfGG genannten Rechte. Keinen Maßstab bildet Landesverfassungsrecht, auch nicht die EMRK oder die UN-Menschenrechtserklärung.

Aus der schon auf ÜK 4 erwähnten Rechtsprechung des BVerfG ergibt sich, dass sich eine Grundrechtsverletzung (nicht nur bzgl. Art. 2 I GG, die Überlegungen gelten für alle anderen Grundrechte gleichermaßen) auch aus einem Eingriff ergeben kann, der nicht mit der Verfassung übereinstimmt, also etwa aus einem Verstoß gegen sonstiges Verfassungsrecht. Dabei nimmt das BVerfG eine umfassende Prüfungsbefugnis über eine gerügte Grundrechtsverletzung hinaus für sich in Anspruch. Über das Rechtsstaatsprinzip, das den Grundsatz vom Vorrang des Gesetzes beinhaltet, könnte so aber das BVerfG gezwungen werden, die Anwendung einfachen Gesetzesrechts zu überprüfen. So würde es zur Superrevisionsinstanz. Es würde in den Aufgabenbereich der anderen obersten Gerichtshöfe eingegriffen, und das BVerfG wäre überlastet.

Daher überprüft das BVerfG gerichtliche Entscheidungen nur auf die Verletzung spezifischen Verfassungsrechts: Eine Grundrechtsverletzung liegt in einer falschen Rechtsanwendung durch den Richter nur, wenn er den Einfluss der Grundrechte bzw. einer einschlägigen Verfassungsnorm ganz oder grundsätzlich verkannt hat, die Rechtsanwendung grob und offensichtlich willkürlich ist, die Grenzen richterlicher Rechtsfortbildung überschritten werden oder das Urteil auf einer verfassungswidrigen Norm beruht. Liegt ein solcher Verstoß nicht vor, bleibt die gesetzwidrige Gerichtsentscheidung vom BVerfG unangetastet.

Grundrechtsfunktionen

StaatsR I, Rn. 82-99

Grundrechtsfunktionen

Abwehrfunktion

GRe als subjektive Abwehrrechte gegen staatliche Übergriffe

Nichtdiskriminierungsfunktion

Schutz vor Diskriminierung grds. durch Gleichheitsgrundrechte

Leistungsfunktion

- derivative Teilhaberechte
- originäre Teilhaberechte (sehr problematisch!)

GRe als obj. Wertordnung

- dadurch z.B. Ausstrahlung ins Privatrecht (mittelb. Drittwirkung),
- daraus abgeleitet: staatl. Schutzpflichten

GRe als Einrichtungsgarantien

- Institutsgarantien (bzgl. Rechtsinstitut d. Privatrechts)
- institutionelle Garantie (bzgl. Rechtsinstitut d. öffentl. Rechts)

GRe als Verfahrens- u. Organisationsrechte

- Grundrechtsschutz i.R. der Organisations- u. Verfahrensgestaltung

HEMMER-METHODE zu ÜK 7

Bevor Sie sich mit den einzelnen Grundrechten befassen, sollten Sie sich kurz einmal die verschiedenen Arten und Funktionen der Grundrechte bewusst machen. Dieses Vorverständnis kann Ihnen bei der Auslegung der knapp formulierten Grundrechte helfen.

Bei den Grundrechtsarten sind nach ihrem Hauptzweck Freiheitsgrundrechte (zielen primär auf ein staatliches Unterlassen), Gleichheitsgrundrechte (auf ein relatives staatliches Handeln gerichtet) und Teilhaberechte (geben dem Bürger Einfluss auf staatliches Handeln) zu unterscheiden.

Zu den verschiedenen Grundrechtsfunktionen vgl. Sie die umseitige Darstellung. Dabei hat die subjektive Abwehrfunktion die größte Klausurrelevanz. Dies gilt insbesondere im Hinblick auf Eingriffe, die aufgrund neuer technischer oder gesellschaftlicher Entwicklungen möglich geworden sind.

Besonders problematisch ist das Verständnis der Grundrechte als originäre Teilhaberechte, wo Grundrechte als echte Leistungsrechte auf bestimmte staatliche Leistungen angesehen werden (dazu StaatsR I, Rn. 89), im Gegensatz zu den derivativen Teilhaberechten, die sich darauf richten, in gleicher Weise an staatlichen Leistungen beteiligt zu werden (i.d.R. aus Art. 3 I GG).

Verletzung von Freiheitsgrundrechten mit geschriebenem Gesetzesvorbehalt

I. Eröffnung des Schutzbereiches

1. Sachlicher Schutzbereich
2. Personaler Schutzbereich
3. Grundrechtskonkurrenzen ⇨ Exkurs: ÜK 7

II. Eingriff

1. Eingriffsakt benennen
2. Eingriffsarten
3. Problemfälle: Abgrenzung Eingriff-Ausgestaltung, Grundrechtsverzicht, faktische Maßnahmen, mittelbare Eingriffe

III. Schranken

= Rechtfertigung des Eingriffs

Anforderungen an Schranke:

Unter Schrankenvorhalt subsumierbare Schranke

1. Formelle Verfassungsmäßigkeit
   Gesetzgebungskompetenz und -verfahren, (Art. 19 I S.2, 1 GG)
2. Materielle Verfassungsmäßigkeit
   (Bestimmtheit, nach Rspr. Willkürverbot, Erfüllung d. Schrankenqualifikation bei qualif. Gesetzesvorbehalt)

IV. Schranken-Schranken

1. Grds. d. Verhältnismäßigkeit (legitimer Zweck, Geeignetheit, Erforderlichkeit, Angemessenheit)
2. Wesensgehaltsgarantie, Art. 19 II GG

HEMMER-METHODE zu ÜK 8

I.R.d. Begründetheit einer VB prüfen Sie als zentralen Punkt, ob ein Grundrecht verletzt ist. Bei Freiheitsgrundrechten mit geschriebenem Gesetzesvorbehalt können Sie nach dem umseitig dargestellten Schema vorgehen.

Bei der Schutzbereichseröffnung ist zum sachlichen Schutzbereich anzumerken, dass das BVerfG im Zweifel eine extensive Auslegung bevorzugt, die am weitreichendsten Grundrechtsschutz gewährleistet. Fällt ein Verhalten in den Schutzbereich mehrerer Grundrechte desselben Grundrechtsträgers, so ergibt sich das Problem der Grundrechtskonkurrenzen. Prüfen Sie hier zunächst, ob ein Grundrecht grds. als lex specialis vorgeht (z.B. im Verhältnis zwischen Art. 2 I GG und den übrigen Freiheitsgrundrechten). Es ist auch möglich, dass ein Grundrecht dem anderen nicht generell, aber in der gegebenen Konstellation vorgeht. Liegt kein deutlich stärkerer Bezug eines Grundrechts vor, sind beide Grundrechte nebeneinander anzuwenden (Idealkonkurrenz).
Bei der Frage, ob eine bestimmte (insbesondere nicht-finale) Maßnahme Eingriffscharakter hat, kann problematisch sein, ob das Grundrecht seiner Funktion nach eingreift, sog. funktionaler Schutzbereich. In der Tendenz verfährt die Rechtsprechung auch hier großzügig (vgl. zum modernen Eingriffsverständnis StaatsR I, Rn. 110 ff.).

Eine Beeinträchtigung im Schutzbereich eines Grundrechts ist nicht verfassungswidrig, wenn sie gerechtfertigt ist. Allerdings können auch Grundrechte mit Gesetzesvorbehalt nur durch formell und materiell verfassungsmäßige Gesetze beschränkt werden. V.a. sind der Verhältnismäßigkeitsgrundsatz und die Wesensgehaltsgarantie zu beachten. Es besteht eine Wechselwirkung zwischen Schranke und Freiheitsgarantie. Sowohl der Gesetzgeber als auch der Rechtsanwender müssen zwischen beiden einen verhältnismäßigen Ausgleich zustande bringen.

Verletzung von Freiheitsgrundrechten ohne Gesetzesvorbehalt

I. Eröffnung des Schutzbereiches

Art. 4 I, 5 III S.1 GG

II. Eingriff

III. Schranken

⇨ v.a. (1) **Schrankenvorbehaltsgewinnung**:
BVerfG u. h. Lit.: **Verfassungsimmanente Schrankenvorbehalte** aus:

- Grundrechten anderer
- objektiven Verfassungsprinzipien
- sogar aus Erwähnung in Kompetenznorm, wenn Wertentscheidung

nicht: Schrankenvorbehaltsübertragung aus Art. 2 I, 5 II GG, aus Grundrechtskonkurrenz, Gemeinwohlklausel

IV. Praktische Konkordanz

⇨ verhältnismäßiger Ausgleich

1. **Legitimer Zweck** (ergibt sich aus kollidierendem Verfassungsrecht)
2. **Geeignetheit** und
3. **Erforderlichkeit der Beschränkung** des Grundrechts zur Optimierung des anderen Grundrechts bzw. sonst. Verfassungsrechts
4. **Angemessenheit**, d.h. angemessener Ausgleich zw. kollidierenden Grundrechten, Güterabwägung

HEMMER-METHODE zu ÜK 9

Bei der Prüfung von Freiheitsgrundrechten ohne Gesetzesvorbehalt gilt für die Ermittlung des Schutzbereichs und den Eingriff in den Schutzbereich grds. das Gleiche wie bei den Grundrechten mit Gesetzesvorbehalt.

Obwohl nach dem Wortlaut des GG bei den vorbehaltlos gewährten Grundrechten keine Schranken vorgesehen sind, ist anerkannt, dass auch hier nicht immer eine uneingeschränkte Grundrechtsausübung zugelassen werden kann. Die h.M. akzeptiert allerdings nicht eine Gemeinwohlklausel als Grundrechtsschranke (zu weit und unbestimmt) und lehnt auch eine Übertragung der Schranken aus Art. 2 I oder 5 II GG (widerspricht Systematik des GG) oder von Grundrechtsschranken aus konkurrierendem Verfassungsrecht ab (ein mehrfach geschütztes Verhalten kann nicht leichter einschränkbar sein). Die Grenzen für vorbehaltlos gewährte Grundrechte sind vielmehr im kollidierenden Verfassungsrecht (anderer) zu sehen. Allerdings legitimieren diese ungeschriebenen Schranken grundsätzlich nur ein Tätigwerden des Gesetzgebers. Das kollidierende Verfassungsrecht ist quasi ein ungeschriebener, jedem Grundrecht immanenter Gesetzesvorbehalt, der den Gesetzgeber – aber eben nur diesen – zu einem das Grundrecht einschränkenden Handeln ermächtigt. Das BVerfG hat nur im Bereich der Warnungen durch die Bundesregierung ein Tätigwerden der Exekutive ohne gesetzliche Regelung gebilligt.

Schließlich muss im Wege der sog. praktischen Konkordanz ein verhältnismäßiger Ausgleich gefunden werden. Die umseitig dargestellte Prüfung erfolgt ähnlich wie eine Verhältnismäßigkeitsprüfung. Bei der Abwägung muss insbesondere auch immer zumindest der Wesensgehalt der Grundrechte gewahrt bleiben, vgl. Art. 19 II GG.

Freie Entfaltung der Persönlichkeit, Art. 2 I GG

StaatsR I, Rn. 156-167

I. Schutzbereich

allgemeine Handlungsfreiheit	allg. Persönlichkeitsrecht
i.S. eines „Tun und Lassen, was man will" auch als wirtschaftliche Handlungsfreiheit (Art. 12 I und 14 I GG aber vorrangig)	aus Art. 2 I i.V.m. 1 I GG: Recht auf Respektierung d. engeren persönlichen Lebenssphäre; gesteigert zum Recht auf informationelle Selbstbestimmung, d.h. jeder darf wissen, wer wann welche Daten von ihm hat v.a. Datenerhebung und –übertragung nur auf ges. Grundlage

II. Eingriff

allgemeine Handlungsfreiheit	allg. Persönlichkeitsrecht
Abgrenzung zur bloßen Belästigung: klassischer Eingriff (final, imperativ, unmittelbar) oder best. Eingriffsintensität erforderlich	bei Tangierung des Schutzbereiches, moderner Eingriffsbegriff anwendbar

III. Schranken

allgemeine Handlungsfreiheit	allg. Persönlichkeitsrecht
verfassungsmäßige Ordnung, d.h. Gesamtheit d. Normen, die formell u. materiell verfassungsmäßig sind	auch hier gelten Schranken d. Art. 2 I GG (str.), aber: bei inform. SelbstbestR. Parlam.-Vorbehalt

IV. Schranken-Schranken

allgemeine Handlungsfreiheit	allg. Persönlichkeitsrecht
v.a. Verhältnismäßigkeitsprüfung	ganz besonders strenge Verhältnismäßigkeitsprüfung; Eingriff in Intimsphäre gänzlich untersagt

Durch Art. 2 I GG, das Recht auf die freie Entfaltung der Persönlichkeit, ist nach heute ganz h.M. die allgemeine Handlungsfreiheit i.S. eines „Tun und Lassens, was man will“ geschützt. Art. 2 I GG tritt als Auffanggrundrecht subsidiär hinter anderen Grundrechten zurück, wenn deren Schutzbereich eröffnet ist. Er scheidet auch dann aus, wenn ein anderes thematisch einschlägiges Grundrecht nicht verletzt ist. Sprechen Sie Art. 2 I GG also immer erst nach den spezielleren Grundrechten an.

Nach h.M. (auch BVerfG) gilt Art. 2 I GG für Ausländer, wo das spezielle Grundrecht nur Deutschen zugutekommt, z.B. Art. 8, 9 I, 11, 12 I GG. Bei EU-Bürgern muss aber dann wegen Art. 18 AEUV das Grundrecht aus Art. 2 I GG zwingend so gelesen werden wie das eigentlich einschlägige, aber aufgrund der Wortlautgrenze nicht anwendbare Deutschengrundrecht.

Aus Art. 2 I i.V.m. Art. 1 I GG wurde das allgemeine Persönlichkeitsrecht entwickelt, das die engere persönliche Lebenssphäre vor staatlichen Eingriffen bewahren soll. In diesem Zusammenhang hat das BVerfG die sog. Sphärentheorie entwickelt und unterscheidet zwischen innerster (Intim-)Sphäre (Eingriffe immer unzulässig), Privat- oder Geheimsphäre (Eingriffe nur bei strenger Beachtung des Verhältnismäßigkeitsgrundsatzes) und äußerer (Sozial-)Sphäre (weniger strenge Voraussetzungen für Eingriffe). Einzelne Bestandteile des allgemeinen Persönlichkeitsrechts sind das Recht am eigenen Namen, am eigenen Bild sowie am eigenen gesprochenen Wort. Bedeutung haben diese Rechte vor allem im Zivilrecht, §§ 823 I, 1004 BGB (mittelbare Drittwirkung der Grundrechte).

Eine Sonderausprägung des allgemeinen Persönlichkeitsrechts ist wiederum das Recht auf informationelle Selbstbestimmung. Hier wendet das BVerfG die Sphärentheorie nicht an, für Eingriffe gilt ein Parlamentsvorbehalt, so dass die Eingriffsvoraussetzung alle durch den parlamentarischen Gesetzgeber selbst geklärt werden müssen (BVerfGE 65, 1).

Allgemeiner Gleichheitssatz, Art. 3 I GG

I. Vorrang von Spezialregeln	z.B. Art. 3 II, 3 III, 6 V, 6 I, 33 I-III, 38 I S.1 GG
II. Obersatz	Art. 3 I GG ist verletzt, wenn für die Ungleichbehandlung von wesentlich Gleichem bzw. Gleichbehandlung von wesentlich Ungleichem kein sachlicher Grund vorliegt, der diese Gleich- bzw. Ungleichbehandlung rechtfertigen könnte („Neue Formel" des BVerfG).
III. Liegt Gleich- oder Ungleichbehandlung vor?	**a)** Behandelte Gruppe genau fixieren **b)** Vergleichsgruppe suchen
IV. Sachlicher Grund	Differenzierungskriterium muss geeignet, erforderlich und angemessen sein zur Erreichung des zulässigen Differenzierungsziels.

HEMMER-METHODE zu ÜK 11

Der allgemeine Gleichheitssatz des Art. 3 I GG als Grundnorm des Gleichheitsgebots umfasst die Rechtsanwendungsgleichheit (Gleichheit vor dem Gesetz) und die Rechtsetzungsgleichheit (Gleichheit des Gesetzes). Grundrechtsträger sind alle natürlichen Personen. Dem Wesen nach ist der Gleichheitssatz aber auch auf juristische Personen anwendbar (Art. 19 III GG). Gleichbehandlung kann aber immer nur durch denselben Grundrechtsverpflichteten verlangt werden.

Das BVerfG stellt teilweise (nicht in allen Entscheidungen) bei der Anwendung von Art. 3 I GG nicht nur auf eine Willkürkontrolle ab, sondern verlangt einen rechtfertigenden Grund z.B. für die Ungleichbehandlung von wesentlich Gleichem. Statt einer Willkürprüfung findet eine Verhältnismäßigkeitsprüfung statt (sog. neue Formel). Diese neue Formel wird v.a. bei personenbezogenen Differenzierungen herangezogen. In der Klausur sollten Sie diesen Punkt zumindest kurz ansprechen. Sie können diesen Punkt offen lassen, wenn die Maßnahme verhältnismäßig ist.

Der Gleichheitsgrundsatz gilt nicht, wenn eine Gruppe gegenüber einer anderen in rechtswidriger Weise begünstigt wird (keine Gleichheit im Unrecht!). D.h. man kann aus Art. 3 I GG nicht auch diese rw. Begünstigung verlangen.

Gleichheitsverletzungen durch gesetzgeberisches Unterlassen sind nur bei Verstoß gegen einen Regelungsauftrag aus dem Grundgesetz denkbar. I.d.R. spricht das BVerfG hier eine Aufforderung zum Tätigwerden an den Gesetzgeber aus.

Auch bei Gleichheitsverstößen durch positive gesetzliche Regelung stellt das BVerfG oft nur die Verfassungswidrigkeit fest, statt das Gesetz gem. § 95 III S.1 BVerfGG für nichtig zu erklären (kein rechtsstaatliches Vakuum), und überlässt dem Gesetzgeber die Neuregelung. So wird jeweils ein Eingriff in den Kernbereich der Legislative vermieden.

Religions-, Weltanschauungs- und Gewissensfreiheit, Art. 4 GG

I. Schutzbereich

positive Religions- u. Gewissensfreiheit

⇨ bzgl. „**forum internum**“ (= persönl. innere Überzeugung)
⇨ bzgl. „**forum externum**“ (= nach außen wirkendes Bekenntnis zur inneren Überzeugung u. entspr. Handeln)

entspr. negative Freiheit

entspr. kollektive Freiheit

z.B. auch Religionsgemeinschaften als solche geschützt

II. Eingriff

- **Verletzungen** d. staatlichen Neutralitätspflicht
- **Verbot** oder **Beeinträchtigung** von Denken, Bekennen od. Handeln, das vom Schutzbereich umfasst wird
- auch **mittelbare Eingriffe**, z.B. staatliche Warnungen von Jugendsekten oder Förderung von sektenkritischem Verein

III. Schranken

Dem Wortlaut nach **schrankenlos** ⇨ h.M.: Einschränkung nur durch kollidierendes Verfassungsrecht

Problem: Schranken aus Art. 140 GG i.V.m. Art. 136, 137 WRV auf Art. 4 GG übertragbar? **e.A.** (+), **a.A.** (-), da Art. 4 GG lex posterior, WRV-Regelungen als verfassungswidriges Verfassungsrecht
vermittelnde Ansicht: soweit es um Verwaltung der Religionsgemeinschaft geht (+), vgl. Art. 137 III S.1 WRV, zum Teil auch Art. 136 I WRV für das sog. „forum externum“ der individuellen Religiosnfreiheit

Bei Art. 4 GG handelt es sich nach dem BVerfG und der h.L. um ein umfassendes, einheitliches Grundrecht auf Religions-, Weltanschauungs- und Gewissensfreiheit. Art. 4 II GG hat nur klarstellenden Charakter bzgl. der Religionsausübung.

Glaubensfreiheit bedeutet die Freiheit, sich eine Überzeugung von der Stellung des Menschen in der Welt und seiner Beziehung zu höheren Mächten und tieferen Seinsschichten zu bilden.

Gewissen wird vom BVerfG als real erfahrbares seelisches Phänomen, dessen Forderungen unmittelbar evidente Gebote unbedingten Sollens sind, verstanden (orientierte Entscheidung; lesen Sie dazu auch BVerfGE 12, 45 [55]).

Um der Gefahr einer umfassenden Legitimation jedes Handelns mit der Berufung auf Art. 4 GG (der von der Rechtsprechung entsprechend der staatlichen Neutralitätspflicht relativ großzügig ausgelegt wird) zu begegnen, wäre eine Einschränkung im Schutzbereich auf für die Glaubensausübung wesensnotwendige Tätigkeiten denkbar. Das BVerfG lehnt eine solche Einschränkung ab.

Zur Diskussion um die Schrankengewinnung bei dem nach dem Wortlaut schrankenlos gewährten Grundrecht vgl. die Vorderseite! Eine Mindermeinung wendet auf das forum internum keine Schranken, auf das Bekenntnis die des Art. 5 II GG und auf das Handeln die des Art. 2 I GG an, was aber nicht mit der Annahme eines einheitlichen Schutzbereichs (s.o.) vereinbar ist. Vorzugswürdig ist es deshalb, mit der h.M. Einschränkungen nur durch kollidierendes Verfassungsrecht anzunehmen (vgl. schon ÜK 9). I.R.d. Abwägung kann dann etwa darauf abgestellt werden, welcher Bereich der Glaubensfreiheit betroffen ist (forum internum, forum externum, Kern-, Randbereich).

Meinungs-, Informations-, Presse- u. Rundfunkfreiheit, Art. 5 I GG

I. Schutzbereich

- Meinungsfreiheit
- Informationsfreiheit
- Pressefreiheit
- Rundfunkfreiheit
- Filmfreiheit

II. Eingriff

III. Schranken

Allgemeine Gesetze, Art. 5 II GG (Gesetze zum Schutz der Jugend und der persönlichen Ehre nach BVerfG nur Unterfälle)
Formel d. BVerfG: Gesetz darf sich nicht gegen Meinungsfreiheit als solche richten, also nicht gegen die Meinungsäußerung per se oder gegen eine bestimmte Meinung gerichtet sein (Sonderrechtslehre) und muss dem Schutz eines vorrangigen Gemeinschaftsguts dienen (Abwägungslehre).

IV. Schranken-Schranken

1. **Wechselwirkungslehre** (spezielle Ausprägung d. Verhältnismäßigkeit i.e.S., nach Geeignetheit und Erforderlichkeit prüfen) ⇨ Auslegung d. beschränkenden Gesetzes im Licht des Grundrechts u. Einschränkung in seiner das Grundrecht beschränkenden Wirkung (Lüth-Urteil)
2. **Zensurverbot, Art. 5 I S.3 GG**
   ⇨ beschränkendes Gesetz darf keine Zensurwirkung haben (nur sog. Vor- oder Präventivzensur gemeint)

HEMMER-METHODE zu ÜK 13

Die Grundrechte des Art. 5 I GG, die für eine freiheitlich demokratische Staatsordnung von schlechthin konstituierender Bedeutung sind, spielen sowohl in der Praxis als auch in der Klausur eine große Rolle. Zum jeweiligen Schutzbereich sollten Ihnen die wichtigsten Definitionen bekannt sein:

1. Die Meinungsfreiheit schützt jede Form der Meinungskundgabe (Grenze: wo die Meinung einem anderen aufgezwungen werden soll), auch seine Meinung nicht zu äußern. Dabei ist die Meinungsäußerung (charakteristisch: Element der Stellungnahme; extensiv auszulegen) von der Tatsachenbehauptung (grds. objektiv nach den Kategorien richtig/falsch überprüfbar) zu unterscheiden. Keinen Schutz genießen bewusst unwahre Tatsachenäußerungen/Zitate und reine Schmähkritik.
2. Durch die Informationsfreiheit wird gerade der Adressat einer Nachricht geschützt. Allerdings nicht bei rechtswidriger Informationsbeschaffung. Eingriffe sind: Ausschluss vom Informationsmedium, u.U. längere Zugangsverzögerung, Registrierung der Informationsaufnahme.
3. Vom Begriff der Presse sind alle zur Verbreitung geeigneten und bestimmten Druckerzeugnisse erfasst, nicht nur periodisch erscheinende oder ab einem bestimmten Darstellungsniveau. Die Pressefreiheit schützt alle Tätigkeiten von der Informationsbeschaffung bis zur Nachrichtenverbreitung und alle im Pressewesen tätigen Personen. Art. 5 I S.2 GG beinhaltet auch die Garantie der freien Presse schlechthin.
4. Rundfunk i.S.d. Art. 5 I S.2 GG ist jede an eine Vielzahl von Personen gerichtete Übermittlung von Gedankeninhalten durch physikalische Wellen, grds. auch „neue“ Medien wie Internet. Grundrechtsträger sind die Veranstalter, auch die öffentlich-rechtlichen Anstalten (ÜK 2)!

Kunst- und Wissenschaftsfreiheit, Art. 5 III GG

I. Schutzbereich

Kunstfreiheit

verschiedene Kunstbegriffe:

- formaler
- materieller
- offener

geschützt ist Werkbereich (Gestaltung) und Wirkbereich (Vermittlung an Dritte, z.B. Ausstellung, Werbung hierfür)

Wissenschaftsfreiheit

⇨ Forschung u. Lehre als Aspekte der Wissenschaft

⇨ GR-Träger: alle wissenschaftl. Tätigen, auch j.P., Universitäten, deren Fakultäten, Studenten - soweit sie wissenschaftl. arbeiten (solange sie nur lernen, gilt Art. 12 GG)

⇨ im Schulbereich ist Art. 7 GG lex specialis

⇨ Schutzbereichseinschränkung: Art. 5 III S.2 GG

II. Eingriff

Alle schutzbereichsverkürzenden Verbote, Sanktionen oder tatsächliche Maßnahmen

III. Schranken

Nach dem Wortlaut: schrankenlos ⇨ Schrankengewinnung aus kollidierendem Verfassungsrecht (ÜK 9), nicht: Schranken aus Art. 5 II, 2 I GG, Schrankenübertragung kraft Grundrechtskonkurrenz

HEMMER-METHODE zu ÜK 14

Bei der Ermittlung des Schutzbereichs der Kunstfreiheit können Sie - wie das BVerfG - mehrere Kunstbegriffe auch nebeneinander verwenden:

Der formale Kunstbegriff stellt auf bestimmte Werktypen ab (Malerei, Bildhauerei usw.). Für den materiellen Kunstbegriff ist wesentlich an der Kunst „die freie schöpferische Gestaltung, in der Eindrücke, Erfahrungen und Erlebnisse des Künstlers durch das Medium einer bestimmten Formensprache zur unmittelbaren Anschauung gebracht werden“. Nach dem offenen Kunstbegriff ist Kunst dadurch gekennzeichnet, dass es wegen der „Mannigfaltigkeit ihres Aussagegehalts möglich ist, der Darstellung im Weg einer fortgesetzten Interpretation immer weiterreichende Bedeutung zu entnehmen“.

Für die Klausur ist es angesichts der großzügigen Rechtsprechung empfehlenswert, das Vorliegen von Kunst zu bejahen, etwa mit dem Argument des effektiven Grundrechtsschutzes.

Nach der Definition des BVerfG ist unter Wissenschaftsfreiheit jede Tätigkeit zu verstehen, die nach Inhalt und Form als ernsthafter und planmäßiger Versuch der Wahrheitsermittlung anzusehen ist.

Art. 5 III S.1 (2.Alt.) GG ist wegen des Staatsmonopols in vielen Bereichen der Wissenschaft auch als Teilhaberecht und Organisationsauftrag zu verstehen.

Überblick über Art. 8 und 9 I GG

I. Schutzbereich

Art. 8 GG

- **persönl.:** alle Deutschen (Art. 116 GG)
- **sachl.:** Zusammenkunft mehrerer Personen (h.M. 2 Pers.) zur Verfolgung eines gem. Zwecks (h.M. um gem. eine Meinung zu bilden oder zu äußern) friedlich u. ohne Waffen, auch schon Vorbereitung der und Anreise zur Versammlung, **nicht:** bloße Ansammlung (Zweck fehlt), Teilnahme zur Störung, **auch:** Schutzpflicht bei Gefahren v. außen

Art. 9 I GG

- **persönl.:** alle Deutschen (Art. 116 GG), auch Vereine selbst
- **sachl.:** keine Beschränkung auf best. Rechtsform (vgl. § 2 I VereinsG), Gründung, Bestand, Eintritt, innere Betätigung, externe nur, wenn Kernbereich d. Vereinstätigkeit, negative Vereinigungsfreiheit (nicht bei Zwangsmitgliedschaft in öff.-rechtl. Verbänden, str.)

II. Eingriff

alle Verbote oder auch faktische Erschwernisse der vom Schutzbereich erfassten Tätigkeiten

Art. 8 GG: auch: Verweigerung d. gebotenen Schutzes

Art. 9 I GG: Normgeprägtheit zu beachten!

III. Schranken

Art. 8 GG

- Art. 8 II GG: Gesetzesvorbehalt f. Versammlungen unter freiem Himmel ⇨ VersammlG
- v.a. für nicht öffentliche Versammlungen: GR-Einschränkungen kraft koll. Verfassungsrecht
- Art. 17a GG

Art. 9 I GG

- Eingriffsvorbehalt in Art. 9 II GG erfasst auch mildere Maßnahmen als Verbote!
- außerhalb des Art. 9 II GG: Rechtfertigung kraft koll. Verfassungsrecht möglich

HEMMER-METHODE zu ÜK 15

Gerade im Versammlungsrecht werden häufig Standardprobleme abgefragt, die Sie kennen sollten.
Dazu gehören i.R.d. Schutzbereichs die Fragen nach der Mindestzahl der Personen (2, 3 oder 7 Pers.), dem verfolgten Zweck (um gemeinsam eine Meinung zu bilden oder zu äußern, a.A. jeder Zweck genügt, wieder a.A. nur Meinungsbildung und -äußerung zu öffentlichen Angelegenheiten), dem Verbot des Mitführens von Waffen (i.S.d. § 1 WaffenG oder auch sonstige gefährliche Gegenstände, die in aggressiver Intention mitgeführt werden; nicht, wenn nicht gebrauchstauglich oder keine Gebrauchsabsicht) und der Unfriedlichkeit (nicht schon bei Sitzblockaden oder wenn nur einzelne Teilnehmer unfriedlich).

I.R.d. Schranken ist v.a. das VersammlungsG zu beachten (zur grds. Anmeldepflicht in § 14 VersammlG vgl. StaatsR I, Rn. 242). Für Bayern ist das BayVersG an die Stelle des Bundes-VersammlG getreten, vgl. Art. 125a I GG.

Bei der Bestimmung des sachlichen Schutzbereichs des Art. 9 I GG können Sie sich an § 2 I VereinsG orientieren und daraus eine Definition entwickeln. Das bedeutet aber nicht, dass die Verfassung durch einfachgesetzliche Rechtsbegriffe ausgelegt werden darf!
Bei der externen Betätigungsfreiheit, also dem Handeln der Vereinigung bzw. der Mitglieder nach außen ist ein einschlägiges spezielleres Grundrecht vor Art. 9 I GG zu prüfen. Der Schutz durch Art. 9 I GG geht i.d.R. nicht weiter. Beachten Sie bei dem Begriff der verfassungsmäßigen Ordnung in Art. 9 II GG, dass dieser anders zu verstehen ist als in Art. 2 I GG: gemeint ist hier die freiheitlich demokratische Grundordnung.
Zu den Besonderheiten der Koalitionsfreiheit des Art. 9 III GG, die in (kollektiv-) arbeitsrechtlichen Klausuren größere Bedeutung hat, vgl. StaatsR I, Rn. 251. Hier geht es um spezielle Vereinigungen zur Wahrung und Förderung der Arbeits- und Wirtschaftsbedingungen, ausnahmsweise unmittelbare Drittwirkung.

Berufsfreiheit, Art. 12 GG

I. Schutzbereich

Achtung: einheitliches Grundrecht!
D.h. Wahl, Ausübung und Vorbereitung geschützt

II. Eingriff

Nur bei berufsregelnder Tendenz, auf drei Stufen möglich (s.u.)

III. Schranken

Achtung: Gesetzesvorbehalt d. Art. 12 I S.2 GG, gilt auch für Berufswahl!

IV. Schranken-Schranken

⇨ Verhältnismäßigkeit, hier bes. Ausprägung: Dreistufentheorie

1. Legitimer Zweck des Eingriffs?
2. Geeignetheit?
3. Erforderlichkeit?
   - a) Eingriff auf welcher Stufe?
   - b) Eingriff auf Stufe, die eine geringstmögliche Beeinträchtigung d. Berufsfreiheit darstellt?
4. Verhältnismäßigkeit i.e.S.?

Stufe 1: Berufsausübung	Stufe 2: subj. Zulassungsbeschränkung	Stufe 3: obj. Zulassungsbeschränkung
↓	↓	↓
wenn vernünftige Erwägungen d. Allgemeinwohls dies zweckmäßig erscheinen lassen	wenn Regelung dem Schutz wichtiger Gemeinschaftsgüter dient	wenn die Regelung dem Schutz überragend wichtiger Gemeinschaftsgüter gg. nachweisbare od. höchstwahrscheinlich schwere Gefahren dient

Art. 12 I GG ist ein Deutschengrundrecht. Geschützt werden über Art. 19 III GG auch inländische juristische Personen des Privatrechts. Beruf ist jede Tätigkeit, die auf Dauer angelegt ist, der Schaffung und Erhaltung einer Lebensgrundlage dient und nicht an sich verboten ist.

Das BVerfG versteht Art. 12 I GG als einheitliches Grundrecht der Berufsfreiheit, das umfassend Wahl und Ausübung des Berufs schützt. Demgemäß wendet das BVerfG auch den Gesetzesvorbehalt des Art. 12 I S.2 GG für das Grundrecht im Ganzen, also auch für die Berufswahl an.

Nach dem GG und wegen der unterschiedlichen Bedeutung für den Betroffenen müssen aber an Eingriffe in die Berufswahl (subjektive bzw. objektive Zulassungsbeschränkungen) strengere Anforderungen gelten als bei Eingriffen in die Berufsausübung (Berufsausübungsregelungen). Die unterschiedlichen Anforderungen an die verfassungsmäßige Rechtfertigung der Eingriffe je nach ihrer Intensität ergeben sich aus der sog. Drei-Stufen-Theorie. Diese stellt eine besondere Ausprägung des Verhältnismäßigkeitsgrundsatzes dar. Sie wirkt sich einmal i.R.d. Erforderlichkeit durch die Subsidiarität aus. D.h. Zulassungsbeschränkungen sind erst dann zulässig, wenn Ausübungsregeln das gesetzgeberische Ziel nicht mehr erreichen können, objektive Zulassungsbeschränkungen erst, wenn subjektive nicht ausreichen. Zudem ergeben sich aus der Drei-Stufen-Theorie i.R.d. Verhältnismäßigkeit i.e.S. die abgestuften Voraussetzungen an die Rechtfertigung der Eingriffe (siehe Vorderseite). In einigen neueren Entscheidungen verwendet das BVerfG den Begriff nicht mehr, sondern prüft „bloß“ die Verhältnismäßigkeit. Ein allgemeiner Trend lässt sich daraus aber wohl noch nicht ableiten, zumal die betreffenden Entscheidungen ohnehin reine Berufsausübungsregeln betrafen, bei denen die Drei-Stufen-Theorie nicht weiter hilft.

Art. 12 II GG und III GG enthalten ein einheitliches Grundrecht, das eine spezielle Ausprägung der Art. 1 I, 2 II GG darstellt.

Schutz des Eigentums, Art. 14 GG

I. Schutzbereich

- Personal: Jedermanns-Grundrecht, über Art. 19 III GG auch juristische Personen, nach BVerfG aber nicht Gebietskörperschaften d. öffentl. Rechts (Gemeinden)
- Sachlich: (+) Sacheigentum, private vermögenswerte Forderungen u.a. Rechtspositionen, öff.-rechtl. Vermögenspositionen, wenn Äquivalent eigener Leistung; (-) Vermögen als solches, rechtswidrig erlangte Positionen, bloße Aussichten, Erwartungen, Gewinnchancen

II. Eingriff

Schützt gegen Regelungseingriffe (hier Abgrenzung zw. Inhalts- u. Schrankenbestimmung u. Enteignung!) u. gegen unmittelbare faktische Auswirkungen

III. Verfassungsrechtliche Rechtfertigung des Eingriffs

wenn Eingriff = Inhalts- u. Schrankenbestimmung

gem. Art. 14 I S.2 GG Gesetz (formell od. materiell); zu beachten ist insbesondere:

- formelle Verfassungsmäßigkeit
- materielle Verfassungsmäßigkeit i.ü.
- v.a. Grundsatz der Verhältnismäßigkeit; hier: Wechselwirkung zw. Schranke u. Eigentumsgarantie (Eigentumsgarantie u. Sozialbindung d. Art. 14 II GG sind in Ausgleich zu bringen - bei Gesetzgebung und Gesetzesanwendung)

wenn Eingriff = Enteignung

gem. Art. 14 III GG durch oder aufgrund von formellem Gesetz; zu beachten ist insbesondere:

- formelle Verfassungsmäßigkeit
- materielle Verfassungsmäßigkeit i.ü.
- Vorauss. d. Art. 14 III GG: Enteignung zum Wohl d. Allgemeinheit, Gesetz muss Art u. Ausmaß der Entschädigung regeln (Höhe gem. Art. 14 III S.3 GG)
- bes. Anforderungen an Legalenteignung, muss ultima ratio sein (Rechtsschutzverkürzung)

HEMMER-METHODE zu ÜK 17

Bei der Bestimmung des Schutzbereichs von Art. 14 GG ist zu beachten, dass es sich hier um ein stark normgeprägtes Grundrecht handelt, d.h. erst der Gesetzgeber legt verbindlich fest, was Eigentumsschutz genießt. Andererseits erwachsen aus der verfassungsrechtlichen Eigentumsgarantie Grenzen dieser Ausgestaltungsbefugnis. Sie können sich an der positiven bzw. negativen Abgrenzung auf der Vorderseite orientieren!

Seit der Nassauskiesungsentscheidung des BVerfG sind die möglichen Eingriffsformen Inhalts- und Schrankenbestimmung und Enteignung nicht mehr quantitativ (so früher nach der Schwere- bzw. Sonderopfertheorie), sondern qualitativ abzugrenzen: Dabei können Sie die Begriffspaare final/nicht final, konkret-individuell/abstrakt-generell, Entziehung/Beschränkung verwenden. Dabei spricht v.a. eine Nicht-Finalität für eine Inhalts- und Schrankenbestimmung. Im Zweifel ist die Rechtsprechung eher zurückhaltend mit der Annahme einer Enteignung und nimmt eine solche nur an, wenn auch ein „Güterbeschaffungsvorgang“ gegeben ist, also ein Eigentümerwechsel stattfindet.

Für die Rechtfertigung einer Maßnahme ist es wegen der unterschiedlichen Anforderungen von entscheidender Bedeutung, ob der Eingriff Enteignung oder Inhalts- und Schrankenbestimmung ist. I.R.d. Verhältnismäßigkeitsprüfung bzgl. Inhalts- und Schrankenbestimmungen kann insbesondere die Möglichkeit einer finanziellen Entschädigung eine Rolle spielen, sog. ausgleichspflichtige Inhalts- und Schrankenbestimmung. Da diese aber nur Vermögens- und keinen Bestandsschutz gewährt, darf eine Ausgleichsregelung immer nur die ultima ratio sein.

Bei Eingriffen in Rechte aus Art. 14 GG durch rein faktische Maßnahmen ist späterer Ausgleich über die Grundsätze von enteignendem und enteignungsgleichem Eingriff möglich.

Die Garantie des Erbrechts in Art. 14 I S.1 GG bedeutet eine Erweiterung der Eigentümerbefugnisse über den Tod hinaus.

Weitere Grundrechte: Art. 1 I, 2 II S.1, II S.2, 104 GG

StaatsR I, Rn. 149-155; 168-176

Schutz der Menschenwürde, Art. 1 I GG	• **Sachl. Schutzbereich:** Abgrenzung vom Eingriff her, v.a. Schutz davor, zum bloßen Objekt degradiert zu werden • **Persönl. Schutzbereich:** jeder Mensch, auch nasciturus • **Eingriff:** jede Behandlung, vor der der Schutzbereich schützen soll, auch Nichtgewähren staatl. Schutzes • **Keine Schranken** („unantastbar") ⇨ ausnahmsweise ist jeder Eingriff Verletzung **aber:** Verhältnis zu anderen Grundrechten beachten (siehe Rückseite)!
Recht auf Leben u. körperl. Unversehrtheit, Art. 2 II S.1 GG	• **Schutzbereich:** Leben i.S.d. körperl. Daseins, nicht: Recht auf (humanes) Sterben, körperl. Unversehrtheit: auch psych.-seelisches Wohlbefinden (erhebl. Belastung nötig) • **Eingriff:** jede Antastung d. körperl. Unversehrtheit gg. den Willen des Betroffenen, auch Verstoß gegen Schutzpflicht • **Schranken:** Einschränkungen aufgrund formellen Gesetzes möglich, Art. 2 II S.3 GG • **Schranken-Schranken :** Verhältnismäßigkeit, Wesensgehalt, Art. 102, 104 I S.2 GG
Freiheit der Person, Art. 2 II S.2, 104 GG	• Schutzbereich von Art. 2 II S.2, 104 GG identisch: nur körperl. Fortbewegungsfreiheit geschützt • Eingriff: jede Freiheitsbeeinträchtigung, insbes. Freiheitsentziehung • Schranken: Gesetzesvorbehalt d. Art. 2 II S.3 GG, qualifizierter Vorbehalt in Art. 104 I S.1 GG, für die Freiheitsentziehung beachte Art. 104 II-IV GG

HEMMER-METHODE zu ÜK 18

Die Übersichtskarten 10-17 stellen die besonders klausurrelevanten Grundrechte ausführlich dar. Auf den folgenden Übersichtskarten soll noch ein kurzer Überblick über die weniger klausurrelevanten Grundrechte gegeben werden.

1. Art. 1 I GG, nach h.M. auch ein Grundrecht, enthält eines der tragenden Konstitutionsprinzipien des Grundgesetzes, vgl. Art. 79 III GG. Alle anderen Grundrechte sind im Lichte dieser Wertentscheidung auszulegen und konkretisieren diese. Art. 1 I GG ist zwar nicht subsidiär zu den anderen Grundrechten. Trotzdem sollten Sie nur bei besonders schweren Beeinträchtigungen darauf zurückgreifen. Denn es besteht wegen des nicht klar zu bestimmenden Schutzbereiches von Art. 1 I GG die Gefahr, eine Verletzung zu schnell bzw. zu restriktiv anzunehmen. Auch die anderen Grundrechte, die Art. 1 I GG konkretisieren, haben einen Menschenwürdegehalt. Sind diese nicht verletzt, so ist häufig auch Art. 1 I GG in der gebotenen einschränkenden Auslegung nicht betroffen.

   Auf die Würde des Menschen, die nach der Rspr. einen obj. unverfügbaren Wert darstellt, kann der Einzelne nicht wirksam verzichten.

2. Beim durch Art. 2 II S.1 GG geschützten Leben hat das BVerfG aus der obj.-rechtlichen Komponente auch eine staatliche Schutzpflicht abgeleitet. Hier hat der Gesetzgeber aber einen weiten Gestaltungsspielraum.

3. Der Schutzbereich von Art. 2 II S.2 GG bzw. Art. 104 GG umfasst das Recht, positiv jeden beliebigen Ort aufzusuchen im Sinne der Fortbewegungsfreiheit, nicht aber negativ, sich an einem bestimmten Ort zu einer bestimmten Zeit nicht aufzuhalten. Eine Freiheitsentziehung ist das nicht nur ganz vorübergehende Festhalten an einem eng umgrenzten Ort.

Weitere Grundrechte: Überblick über Art. 6 und 7 GG

Überblick über Art. 6 und 7 GG

Art. 6 GG

Abs. 1:
- echtes Abwehrrecht und Diskr.-Verbot
- Leistungsrecht
- Gesetzgebungsauftrag
- Institutsgarantie der Ehe und Familie

Abs. 2:
- echtes Abwehrrecht

Abs. 3:
- echtes Abwehrrecht

Abs. 4:
- Leistungsrecht
- Gesetzgebungsauftrag

Abs. 5:
- Gesetzgebungsauftrag
- Leistungsrecht (unm. Anspruch auf Gleichbehandlung

Art. 7 GG

Abs. 1:
- Kein Grundrecht! Regelt die Schulorganisationsgewalt des Staates

Abs. 2:
- Grundrecht d. Erziehungsberechtigten, konkretisiert Art. 6 II u. Art. 4 I, II GG

Abs. 3:
- S.1: Organisationsnorm
- S.2: Grundrecht d. Religionsgemeinschaften, konkretisiert Art. 4 I, II GG
- S.3: Grundrecht der Lehrer an öffentl. Schulen, konkretisiert Art. 4 I, II GG

Abs. 4, 5:
- Privatschulfreiheit
- in IV S.1 auch Einrichtungsgarantie (daraus Schutz- und Förderungspflicht)

Art. 6 GG spielt zwar in der Grundrechtsklausur nur eine untergeordnete Rolle, ist aber für die Auslegung in anderen Rechtsgebieten von Bedeutung. Beachten Sie die Vielschichtigkeit der Norm, die Abwehrrechte, ein Diskriminierungsverbot (die Ehe darf jedenfalls nicht schlechter stehen als andere Lebensformen), Leistungsrechte, Gestaltungsaufträge an den Gesetzgeber (zur Umsetzung der Leistungsrechte) und Institutsgarantien enthält.

Bei Eingriffen in Ehe und Familie, aber auch in das elterliche Erziehungsrecht ist zu beachten, dass definierende Regelungen bei diesen z.T. normgeprägten Rechten so lange keine Eingriffe sind, wie sie dem verfassungsrechtlichen Ehe- und Familienbegriff noch entsprechen. Ist dies nicht der Fall, so kann ein Eingriff etwa in einer Freiheitsbeschränkung für Ehe oder Familie liegen oder darin, dass nicht ausreichend Schutz gewährt wird oder rechtliche Nachteile an die Ehe geknüpft werden. Eingriffe in Ehe und Familie können nur mit kollidierendem Verfassungsrecht gerechtfertigt werden, beim elterlichen Erziehungsrecht gelten die Eingriffsvorbehalte der Art. 6 II S.2, III GG (vgl. auch Art. 7 I GG als Rechtfertigung).

Art. 7 GG regelt die Schulorganisationsgewalt und schulische Grundrechte.

Art. 7 I GG muss mit dem Erziehungsrecht der Eltern (Art. 6 II GG) in Ausgleich gebracht werden. Art. 7 IV GG enthält für Privatpersonen und Gruppen das Recht, Privatschulen zu errichten und zu betreiben (für Ersatzschulen sind Art. 7 IV S.2 - 4 und V GG zu beachten, anders bei Ergänzungsschulen). Alle Rechte des Art. 7 GG sind schrankenlos gewährt. Auch Art. 7 IV S.2 (2.HS.) GG ist kein Gesetzesvorbehalt i.e.S.

Einschränkungen bzgl. der Privatschulfreiheit können sich aus Art. 7 I GG ergeben (Schulaufsicht).

Weitere Grundrechte: Art. 10, 11 und 13 GG

StaatsR I, Rn. 252-258, 279-284

Brief-, Post- u. Fernmeldegeheimnis, Art. 10 GG

Schutzbereich:
Briefgeheimnis schützt Briefverkehr außerhalb d. Postbereichs, Postgeheimnis betrifft postal. Bereich zw. Einlieferung bei Post u. Ablieferung an Empfänger, Fernmeldegeheimnis schützt Vertraulichkeit d. individuellen Kommunikation mittels elektromagnetischer Wellen
Eingriff: Wenn staatliche Stellen sich vom Inhalt d. geschützten Kommunikation Kenntnis verschaffen
Schranken: Gesetzesvorbehalt d. Art. 10 II S.1 GG (vgl. auch S.2)

Freizügigkeit, Art. 11 GG

Personaler Schutzbereich:
Alle Deutschen (bzgl. Ausländern greift Art. 2 I GG, str.)
Sachl. Schutzbereich:
Recht, an jedem Ort innerhalb des Bundesgebietes Aufenthalt u. Wohnsitz zu nehmen, v.a. Fortbewegung zum Ortswechsel geschützt, Endpunkt muss im Bundesgebiet liegen
Eingriff: Wenn Schutzbereichselement verboten oder Anknüpfungspunkt für beeinträchtigende staatl. Maßnahme, nicht: mittelbare od. fakt. Beeinträchtigungen
Schranken: Qual. Gesetzesvorbehalt in Art. 11 II GG, vgl. auch Art. 17a II GG

Unverletzlichkeit der Wohnung, Art. 13 GG

Schutzbereich:
Begriff d. Wohnung weit auszulegen, auch Nebenräume, Arbeits-, Betriebs-, Geschäftsräume und auch j.P. und Handelsgesellschaften geschützt
Eingriff: Jedes Eindringen in den geschützten Bereich durch die öff. Gewalt (Abgrenzung zu Art. 10, 14 GG)
Schranken: Art. 13 II GG bzgl. Durchsuchungen (= „zielgerichtetes Suchen“), Art. 13 III-VI GG großer Lauschangriff, Art. 13 VII GG bzgl. anderen Fällen, für den Bereich d. Betriebsräume ungeschriebene Grenzen beachten! (Vgl. auch Art. 17a II GG)

HEMMER-METHODE zu ÜK 20

1. Im Zusammenhang mit Art. 10 GG bieten „neue" Entwicklungen auf dem Gebiet der Telekommunikation (z.B. Fax, Internet usw.) neue Probleme. Hier ist genau zu fragen, ob es sich um individuelle Kommunikation (dann Art. 10 GG) oder Verbreitung an eine unbestimmte Zahl von Empfängern (dann Art. 5 I S.2 GG, Rundfunkfreiheit) handelt. Kein Eingriff in Art. 10 GG liegt bei den sog. Mithörfällen vor, bei denen einer der Telefonierenden bspw. der Polizei ein Mithören durch einen Zweithörer gestattet.

2. I.R.d. Schutzbereiches von Art. 11 GG ist zu beachten, dass der Wohnsitz als ständige Niederlassung gegenüber dem Aufenthalt der speziellere Begriff ist. Für das Aufenthaltnehmen wird eine gewisse Dauer verlangt, so dass nach h.M. ganz kurzzeitiges Verweilen nicht geschützt ist. Geschützt ist auch die Mitnahme der persönlichen Habe und als negative Grundrechtsausübung das Recht, einen Ortswechsel nicht vorzunehmen. Art. 11 GG wird z.T. durch die Freizügigkeitsgarantien des Europarechts überlagert bzw. ergänzt.

3. Die weite Auslegung des Wohnungsbegriffs i.S.d. Art. 13 GG folgt aus dem engen Zusammenhang mit dem allgemeinen Persönlichkeitsrecht in der Funktion eines Rechts „in Ruhe gelassen zu werden". Je nach dem Grad privater Abgeschirmtheit ist aber eine Abstufung der Schutzintensität vorzunehmen. Zudem lässt die Rspr. im Bereich der Betriebsräume über Art. 13 II und VII GG hinaus Eingriffe zu (Betretungs- und Besichtigungsbefugnisse), wenn eine Befugnisnorm im Allgemeininteresse besteht, die dem Bestimmtheits- und Verhältnismäßigkeitsprinzip entspricht. Art. 13 III-VI GG regeln den sog. großen Lauschangriff. Das BVerfG hat die Verfassungsgemäßheit dieser Regelungen (mit Bedenken) bejaht, allerdings die konkrete Ausgestaltung in der StPO als verfassungswidrig verworfen!

Schutz vor Ausbürgerung, Auslieferung u. Asylrecht, Art. 16, 16a GG	• **Schutz vor Ausbürgerung,** Art. 16 I GG, aber nur Willkürverbot • **Schutz vor Auslieferung,** Art. 16 II GG • **Recht auf polit. Asyl**, Art. 16a GG: Schutzbereich gem. Art. 16a I GG; Eingriff in jede aufenthaltsverweigernde bzw. –beendende Maßnahme; Schranke: Gesetzesvorbehalt in Art. 16a II S.2 GG; vgl. auch Art. 16a III, IV, V GG
Petitionsrecht, Art. 17 GG	Recht, **Petitionen** an **zuständige Stelle** (weit auszulegen, auf Volksvertretungen) zu **richten**, auch Anspruch auf Prüfung und Bescheidung (bes. Begründung aber nicht nötig)
Gebot effektiven Rechtsschutzes, Art. 19 IV GG	Enthält subj. Recht, kann Gegenstand von VB sein, garantiert Rechtsschutz nur gegen Exekutive, grds. nur repressiver Rechtsschutz, ausnahmsweise auch vorbeugender bzw. vorläufiger Rechtsschutz, Einschränkungen nur kraft kollidierendem Verfassungsrecht
Weitere Grundrechte u. grundrechtsgleiche Rechte außerhalb d. Grundrechtskatalogs	**Art. 20 IV GG:** Widerstandsrecht, grundrechtsgleiches Recht **Art. 28 II GG:** kein GR, aber ähnliche Funktion für Gebietskörperschaften, vgl. Art. 93 I Nr.4b GG **Art. 33 V GG:** abwehr- u. leistungsgrundrechtsähnliches Recht für Beamte **Art. 101 I S.2 GG:** Recht auf den gesetzl. Richter, echtes subj. Recht, VB möglich **Art. 103 I GG:** Anspruch auf rechtl. Gehör, auch subj. grundrechtsgleiches Recht, VB möglich **Art. 103 II, III GG:** nulla poena sine lege, ne bis in idem, grundrechtsgleiches Recht, VB möglich

HEMMER-METHODE zu ÜK 21

1. Art. 16a GG ersetzt den 1993 gestrichenen Art. 16 II S.2 GG a.F. und schränkt das Asylrecht nicht unerheblich ein. Wer politisch verfolgt ist, wird grds. in Anlehnung an die Genfer Flüchtlingskonvention beurteilt.
2. Die praktische Bedeutung von Art. 17 GG ist nicht zu unterschätzen, insbesondere da die formlosen Rechtsbehelfe (Gegenvorstellung, Aufsichtsbeschwerde, Dienstaufsichtsbeschwerde) im Zusammenhang mit Art. 17 GG zu sehen sind.
3. Art. 19 IV GG garantiert den Rechtsweg nur gegen die Exekutive. Der Rechtsschutz gegen die Legislative ist in Art. 93 GG geregelt, ein Rechtsschutz gegen die Judikative würde zu einem unendlichen Rechtsweg führen. Art. 19 IV GG schreibt also keinen Instanzenzug vor. Der gewährte Rechtsschutz muss effektiv sein. Deshalb ist auch vorläufiger und vorbeugender Rechtsschutz erforderlich. Nicht in jeder gesetzlichen Ausgestaltung des Rechtswegs ist ein Eingriff in Art. 19 IV GG zu sehen (Gestaltungsspielraum des Gesetzgebers, auch bei der Anerkennung materiell-rechtlich subjektiver Rechte!).
4. Art. 101 I S.2 GG (Sonderfälle in Art. 101 I S.1 und II GG) verbürgt ein echtes subjektives Recht, welches stark normgeprägt ist. Bei Verstößen der Judikative wertet das BVerfG nur willkürliche Rechtsverstöße als Eingriff (keine Superrevisionsinstanz). Eingriffe stellen meist auch Verletzungen dar.
5. Von Art. 103 I GG ist das Recht geschützt, sich grds. vor Erlass einer Gerichtsentscheidung zur Sache äußern zu können. Verfassungsimmanente Schranken bestehen an der Funktionsfähigkeit von Verfahrensarten, die das Grundgesetz anerkennt. Vor Verwaltungsbehörden wird ein ähnlicher Anspruch aus dem Rechtsstaatsprinzip abgeleitet.
6. Das Bestimmtheitsgebot Art. 103 II GG verpflichtet den Gesetzgeber, die Voraussetzungen der Strafbarkeit so genau zu umschreiben, dass Tragweite und Anwendungsbereich der Straftatbestände für den Normadressaten schon aus dem Gesetz selbst zu erkennen sind und sich durch Auslegung ermitteln und konkretisieren lassen.

Organstreit, Art. 93 I Nr.1 GG, §§ 13 Nr.5, 63-67 BVerfGG

I. Zulässigkeit

1. Zuständigkeit d. BVerfG, Art. 93 I Nr.1 GG, § 13 Nr.5 BVerfGG
2. Parteifähigkeit von Antragsteller und Antragsgegner, Art. 93 I Nr.1 GG, § 63 BVerfGG ⇨ oberste Bundesorgane u. sonstige Beteiligte mit eigenen Rechten aus dem GG/GeschOen
3. Verfahrensgegenstand, § 64 I BVerfGG ⇨ Maßnahme/Unterlassen des Antragsgegners, die den Antragsteller in verfassungsrechtlicher Rechtsposition betrifft
4. Antragsbefugnis, § 64 I BVerfGG ⇨ schlüssige Behauptung einer Rechtsverletzung bzw. –gefährdung bzgl. verfassungsrechtl. Rechtsposition; aktive Prozessstandschaft eines Organteils möglich!
5. Form und Frist, §§ 23, 64 II-IV BVerfGG
6. Allgemeines Rechtsschutzbedürfnis

II. Begründetheit

(+), wenn geltend gemachter **Verfassungsverstoß** (und **Rechtsverletzung** des Antragstellers, str.) vorliegt.

HEMMER-METHODE zu ÜK 1

Auf den ersten fünf Karteikarten werden die wichtigsten der neben der Verfassungsbeschwerde bestehenden Verfassungsrechtsbehelfe kurz dargestellt. Während es bei der Verfassungsbeschwerde um die Verwirklichung des individuellen Grundrechtsschutzes durch den Bürger geht, wird hier u.U. über staatsorganisationsrechtliche Fragen entschieden.

Lesen Sie beim Durcharbeiten der Karteikarten bitte die einschlägigen Vorschriften im Gesetz mit. Daraus ergibt sich im Wesentlichen schon, was Sie für die Falllösung brauchen. Darüber hinaus werden hier die wichtigsten Probleme angesprochen.

Beim Organstreit stehen sich Antragsteller und Antragsgegner als Beteiligte gegenüber, sog. kontradiktorisches Verfahren. Dabei sind sowohl die obersten Bundesorgane (Bundespräsident, Bundestag, Bundesrat, Bundesregierung, Bundesversammlung) als auch sonstige Beteiligte, die durch das Grundgesetz oder eine Geschäftsordnung eines obersten Bundesorgans mit eigenen Rechten ausgestattet sind, parteifähig. Darunter fallen auch einzelne Bundestagsabgeordnete sowie politische Parteien, soweit es um ihre Rechte als Verfassungsorgan geht (aus Art. 38 I S.2, 21 GG; bei bloßen Grundrechtsverletzungen greift die Verfassungsbeschwerde!). Soweit § 63 BVerfGG enger gefasst ist als Art. 93 I Nr.1 GG, geht der Verfassungstext vor (anders bei § 64 BVerfGG).

Verfahrensgegenstand können nur rechtserhebliche Maßnahmen sein (nicht: Meinungsäußerungen, Rügen gegenüber Abgeordneten). Prüfungsmaßstab i.R.d. Begründetheit ist nur Verfassungsrecht und auch nur die als verletzt gerügten Rechte. Zur Entscheidung des BVerfG (nur Feststellung) vgl. § 67 BVerfGG.

Abstrakte Normenkontrolle, Art. 93 I Nr.2, §§ 13 Nr.6, 76-79 BVerfGG

I. Zulässigkeit	**1. Zuständigkeit** d. BVerfG, Art. 93 I Nr.2 GG, § 13 Nr.6 BVerfGG **2. Antragsberechtigung**, Art. 93 I Nr.2 GG ⇨ nur Bundesregierung, Landesregierung (vorher jeweils Kabinettsbeschluss nötig) oder 1/4 der Mitglieder des Bundestages **3. Prüfungsgegenstand**, Art. 93 I Nr.2 GG ⇨ Bundes-, Landesgesetze im materiellen Sinn, auch im nur formellen Sinn, grds. erst ab Verkündigung (Ausnahme: Zustimmungsgesetze zu völkerrechtlichen Verträgen) **4. Antragsgrund**, § 93 I Nr.2 GG ⇨ Zweifel oder Meinungsverschiedenheit über Verfassungsmäßigkeit der Norm, nicht notwendig beim Antragsteller (str,. a.A.: § 76 BVerfGG maßgeblich) **5. Klarstellungsinteresse** ⇨ (-) nur bei evidenter Missbrauchsabsicht **6. Form**, § 23 BVerfGG, keine Frist
II. Begründetheit	(+), wenn der behauptete Verstoß des Prüfungsgegenstandes gegen den Prüfungsmaßstab (bei Bundesrecht: GG, bei Landesrecht: Bundesrecht einschließlich bundesrechtlicher Rechtsverordnungen) vorliegt, Entscheidung gem. § 78 BVerfGG

Die abstrakte Normenkontrolle ist eine prinzipale Normenkontrolle (Gegenteil: inzident) losgelöst von einem konkreten Rechtsstreit. Das Verfahren ist nicht kontradiktorisch, es gibt also keinen Antragsgegner. Gelegenheit zur Äußerung für bestimmte Organe gibt es aber i.R.d. § 77 BVerfGG.

Das Verfahren dient in keiner Weise dem Individualrechtsschutz, daher ist es nicht fristgebunden und erfordert keine Antragsbefugnis i.S. einer Behauptung der eigenen Rechtsverletzung, lediglich einen Antragsgrund i.S.d. Art. 93 I Nr.2 GG. Soweit § 76 BVerfGG hier engere Voraussetzungen aufstellt, wird er z.T. für nichtig gehalten, da durch einfachgesetzliche Regelungen Rechte aus der Verfassung nicht beschnitten werden können (sehr str.). Auch ein Rechtsschutzbedürfnis ist wegen des objektiven Charakters des Verfahrens nicht nötig, nur ein Klarstellungsinteresse.

Stellt das BVerfG die Unvereinbarkeit mit dem Prüfungsmaßstab fest, so erklärt es i.d.R. die Norm (mit Gesetzeskraft) für nichtig, §§ 78, 31 II S.1 BVerfGG. Ausnahmsweise kommt eine bloße Unvereinbarkeitserklärung mit Regelungsauftrag in Betracht, wenn ein Rechtsvakuum droht.

Beachten Sie auch Art. 93 I Nr.2a GG: Hier wurde zur Überprüfung der Voraussetzungen des Art. 72 II GG eine Sonderregelung für die abstrakte Normenkontrolle geschaffen, die Art. 93 I Nr.2 GG ergänzt, nicht verdrängt. Hier sind auch der Bundesrat und die Volksvertretungen der Länder antragsberechtigt. Prüfungsgegenstand sind nur Bundesgesetze. Meinungsverschiedenheiten oder Zweifel müssen sich auf die Voraussetzungen des Art. 72 GG beziehen. Auch i.R.d. Begründetheit ist nur Art. 72 II GG Prüfungsmaßstab. Im Übrigen gelten die Ausführungen zur Normenkontrolle nach Art. 93 I Nr.2 GG entsprechend.

Konkrete Normenkontrolle, Art. 100 I, 93 I Nr.5 GG, §§ 13 Nr.11, 80-82 BVerfGG

I. Zulässigkeit

1. **Zuständigkeit** des BVerfG, Art. 100 I GG, § 13 Nr.11 BVerfGG
2. **Vorlagenkompetenz**, Art. 100 I S.1 GG ⇨ Gericht
3. **Vorlage- bzw. Prüfungsgegenstand**: formelle, nachkonstitutionelle Gesetze
4. **Überzeugung von Verfassungswidrigkeit** bzw. von Verstoß von Landesrecht gegen Bundesrecht gem. Art. 100 I S.2 (2.Alt.) GG
5. **Entscheidungserheblichkeit**, Art. 100 I GG
6. **Form**: Begründung gem. § 80 II BVerfGG, keine Frist

II. Begründetheit

(+), wenn Prüfungsgegenstand gegen den Prüfungsmaßstab (wie bei abstrakter NK) verstößt, Entscheidung gem. § 82 I BVerfGG i.V.m. §§ 78, 79 BVerfGG

Die konkrete Normenkontrolle ist eine prinzipale Normenkontrolle, bei der die Verfassungsmäßigkeit einer Norm (bzw. die Unvereinbarkeit von einem Landesgesetz mit einem Bundesgesetz, Art. 100 I S.2 2.Alt. GG) aus Anlass eines bestimmten Rechtsstreits in einem verselbständigten Zwischenverfahren überprüft wird. Dadurch wird der Konflikt zwischen der Bindung des Richters an die Verfassung (⇨ Prüfungskompetenz des Richters) und der selbständigen Stellung des Gesetzgebers (⇨ keine Verwerfungskompetenz des Richters) ausgeglichen. So erklärt sich auch die Beschränkung der konkreten Normenkontrolle auf formelle nachkonstitutionelle Gesetze. Vorkonstitutionelles Recht ist nur dann vorlagefähig, wenn es der nachkonstitutionelle Gesetzgeber in seinen Willen aufgenommen hat, etwa durch Neuverkündung. Indiz für den Aufnahmewillen ist auch der Zeitablauf seit dem 23.05.1949.

Über untergesetzliches Recht entscheidet jeder Richter in eigener Kompetenz.

Gerichte i.S.d. Art. 100 I GG sind von der gesetzgebenden und der vollziehenden Gewalt verschiedene, unabhängige und nur dem Gesetz unterworfene staatliche Organe der rechtsprechenden Gewalt.

Entscheidungserheblichkeit ist gegeben, wenn die Entscheidung (d.h. der Tenor) bei Gültigkeit der Norm anders ausfallen würde als bei Nichtgültigkeit. Hier kommt es auf die Sichtweise des vorlegenden Gerichts an, wenn diese nicht offensichtlich unhaltbar ist. Beachten Sie auch § 80 III BVerfGG.

Die Vorlagen zum BVerfG gem. Art. 100 I GG und zum jeweiligen Landesverfassungsgericht, wenn es um die Verletzung der Verfassung eines Landes geht, sind nebeneinander und unabhängig voneinander möglich.

Sekundäres Unionsrecht überprüft das BVerfG „solange“ nicht mehr, wie der EuGH einen ausreichenden Grundrechtsschutz bietet. Etwas anders gilt für die Fälle, in denen das Sekundärrecht eindeutig „ultra-vires“ erlassen wurde, was zwingend der Fall ist, wenn es der Identitätskontrolle der Art. 23 I S.3, 79 III, 1, 20 GG nicht standhält, vgl. Staatsrecht I, KK 3.

Bund-Länder-Streit, Art. 93 I Nr.3 GG, §§ 13 Nr.7, 68 – 70 BVerfGG

I. Zulässigkeit

1. **Zuständigkeit des BVerfG,** Art. 93 I Nr.3 GG, § 13 Nr.7 BVerfGG
2. **Parteifähigkeit,** Art. 93 I Nr.3 GG, § 68 BVerfGG ⇨ nur Bund und Länder, Antrag nur von entsprechender Regierung aufgrund Kabinettsbeschluss
3. **Streitgegenstand,** § 69 i.V.m. § 64 I BVerfGG ⇨ Maßnahme/Unterlassung des Antragsgegners, die Antragsteller in verfassungsrechtlicher Rechtsposition betrifft
4. **Antragsbefugnis,** § 69 i.V.m. § 64 I BVerfGG ⇨schlüssige Behauptung einer Rechtsverletzung bzw. –gefährdung bzgl. verfassungsrechtlicher Rechtposition
5. **Vorverfahren** im Fall d. Art. 84 IV GG
6. **Frist und Form** gem. §§ 23, 69 i.V.m. § 64 i.V.m. § 64 II-IV BVerfGG; bei Art. 84 IV GG: § 70 BVerfGG

II. Begründetheit

(+), wenn der geltend gemachte Verfassungsverstoß vorliegt (v.a. Vorschriften über Bund-Länder-Verhältnis und ungeschriebener Grundsatz der Bundestreue relevant) und die Stellung des Antragstellers verletzt ist.

HEMMER-METHODE zu ÜK 4

Von den föderativen Streitigkeiten, die Art. 93 I Nr.3 u. 4 GG dem BVerfG zuweisen, haben die verfassungsrechtlichen Bund-Länder-Streitigkeiten des Art. 93 I Nr.3 GG die größte praktische Bedeutung. Beim kontradiktorischen Bund-Länder-Streit gem. Art. 93 I Nr.3 GG finden gem. § 69 BVerfGG die Vorschriften über den Organstreit in §§ 64 - 67 BVerfGG entsprechende Anwendung. Geht es beim Streit um die Feststellung der Bundesregierung, dass die Länder die Bundesgesetze i.S.d. Art. 84 I GG schlecht ausführen, so sind Art. 84 IV S.1 GG und § 70 BVerfGG zu beachten. Liegt dem Streit ein erlassenes Gesetz zugrunde, so kann unabhängig vom Verfahren nach Art. 93 I Nr.3 GG z.B. auch eine abstrakte Normenkontrolle stattfinden.

Die nichtverfassungsrechtlichen Bund-Länder-Streitigkeiten, die Zwischenländerstreitigkeiten und die Binnenländerstreitigkeiten (länderinterne Organstreitigkeiten), die gem. Art. 93 I Nr.4 GG dem BVerfG zugewiesen sind, spielen angesichts der Subsidiarität der Zuständigkeit des BVerfG praktisch keine Rolle. Im Fall des Art. 93 I Nr.4 (1. u. 2.Alt.) GG greifen v.a. die Zuständigkeiten gem. §§ 40 I, 50 I VwGO ein. Bei Art. 93 I Nr.4 (3.Alt.) GG ist der Rechtsweg zu den Landesverfassungsgerichten vorrangig.

Einstweilige Anordnung, § 32 BVerfGG

I. Zulässigkeit

1. **Statthaftigkeit** gem. **§ 32 BVerfGG** in allen Verfahrensarten vor dem BVerfG statthaft (Sonderregel in **Art. 61 II S.2 GG, §§ 53, 58 I, 105 V BVerfGG, § 16 III WahlprüfG**), Hauptsacheverfahren braucht noch nicht anhängig zu sein
2. **Antrag** gem. § 23 BVerfGG (str., ob auch Entscheidung v.A.w. möglich)
3. **Antragsberechtigung:** jeder, der an dem Hauptsacheverfahren beteiligt ist bzw. sein kann
4. **Keine evidente Unzulässigkeit d. Hauptsacheverfahrens**
5. **Keine Vorwegnahme d. Hauptsacheverfahrens** (Ausnahme unter Aspekt des **Art. 19 IV S.1 GG**)
6. **Rechtsschutzinteresse**, gerade auf Erlass der e.A. gerichtet
7. **Form** gem. § 23 BVerfGG, keine Frist (beachte aber Frist im Hauptsacheverfahren!)

II. Begründetheit

1. **Anordnungsanspruch:** Abwägung i.R.e. „Doppelhypothese", ggf. Erfolgsaussichten in der Hauptsache einstellen
2. **Anordnungsgrund** i.S.d. § 32 BVerfGG
3. **Sonstige Anordnungsvoraussetzungen i.S.d. § 32 BVerfGG**

Auch der Verfassungsprozess kennt die Möglichkeit des einstweiligen Rechtsschutzes gem. § 32 BVerfGG. Die Möglichkeit einer einstweiligen Anordnung ist gerade für das Verfassungsbeschwerdeverfahren besonders wichtig, weil die Einlegung der Verfassungsbeschwerde keine aufschiebende Wirkung hat und mit einer langen Verfahrensdauer zu rechnen ist. Aber auch in den anderen Verfahrensarten wird durch einstweilige Anordnungen verhindert, dass die Entscheidung in der Hauptsache zu spät käme. Die einstweilige Anordnung ist auch durchaus klausurrelevant.

Ausnahmsweise ist i.R. eines bereits beim BVerfG anhängigen Verfahrens eine einstweilige Anordnung auch ohne vorigen Antrag zuzulassen, wenn andere Verfassungsorgane versuchen, das BVerfG zu überspielen und seinen Entscheidungsspielraum einzuengen.

Im Rahmen der Begründetheit einer einstweiligen Anordnung geht das BVerfG grds. unabhängig von den Erfolgsaussichten in der Hauptsache (Ausnahme: Hauptsacheverfahren ist offensichtlich unzulässig/unbegründet) von einer Doppelhypothese aus: Es wird eine Abwägung zwischen den negativen Folgen getroffen, die jeweils bei mit der Hauptsache nicht korrespondierender Entscheidung im vorläufigen Rechtsschutz drohen würde. Dies ist aber aufbautechnisch nur schwer darzustellen. Es empfiehlt sich daher, im Interesse einer übersichtlichen und für den Prüfer nachvollziehbaren Lösung, nach dem Vorbild der §§ 935, 940 ZPO oder 123 VwGO Anordnungsanspruch und -grund zu unterscheiden. Schließlich sollten Sie im Rahmen einer Interessenabwägung auf die Doppelhypothese des BVerfG zurückkommen.

Überblick über die Staatszielbestimmungen

Staatsrecht II, Rn. 63-142

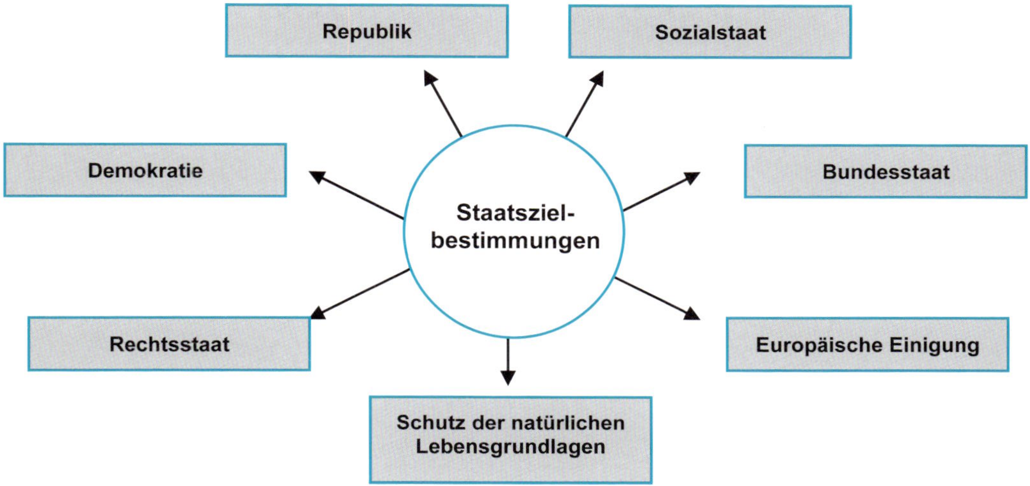

HEMMER-METHODE zu ÜK 6

In den Art. 20 und 28 GG finden sich die zentralen Verfassungsprinzipien: Republik, Demokratie, Bundesstaat, Rechtsstaat und Sozialstaat.

Die Entscheidung für eine Republik schließt die Einführung einer Monarchie aus. Das Republikprinzip wird in den Vorschriften über den Bundespräsidenten konkretisiert.

Das Sozialstaatsprinzip (rechtliche Ausprägungen v.a. in Art. 20, 28, 14, 15, 6, 9 III GG) wendet sich in erster Linie an den Gesetzgeber mit der Pflicht, eine gerechte soziale Ordnung zu schaffen (z.B. Sicherung des Existenzminimums) bzw. mit dem Verbot unsozialer Gesetze. Der Staat ist verpflichtet, soziale Gerechtigkeit und soziale Sicherheit herzustellen und zu erhalten. Ausnahmsweise kann das Sozialstaatsprinzip Anspruchsgrundlage für den einzelnen sein, i.d.R. ist es dafür aber zu weit und unbestimmt.

Der Bundesstaat ist ein Staatsgebilde zwischen Staatenbund und Einheitsstaat, bei dem sowohl Bund als auch Länder über volle Staatsgewalt verfügen. Daraus resultiert eine Machtaufgliederung und stärkere Demokratisierung. Zentrale Normen zum Bundesstaatsprinzip sind Art. 28 I u. II, 30, 31, 142, 50 ff. GG, auch der ungeschriebene Grundsatz des bundes- (bzw. gemeinschafts-)freundlichen Verhaltens.

Das Grundgesetz hat sich für die Form der repräsentativen Demokratie entschieden, bei der die Volkssouveränität (außer i.F.d. Art. 29 GG) auf die Teilnahme an Wahlen beschränkt ist, Art. 20 II GG. Das Demokratieprinzip umfasst neben dem Wahlrecht v.a. das Mehrheitsprinzip, die Gleichheit der Staatsbürger, die politischen Grundrechte, das Mehrparteiensystem, die Oppositionsfreiheit, die staatsfreie Willensbildung von unten nach oben (unter Mitwirkung der Parteien).

Art. 23 I GG erhebt die Europäische Einigung zum Staatsziel, Art. 20a GG den Schutz der natürlichen Lebensgrundlagen. Zum Rechtsstaat vgl. ÜK 7!

Rechtsstaatsprinzip - Ausprägungen

Gewaltenteilung

- Drei Staatsgewalten: Legislative, Exekutive, Judikative
- Diese sind voneinander (weisungs-)unabhängig
- Inkompatibilität, d.h. Verbot der Ämterhäufung
- Dadurch sinnvolle Aufgabenverteilung beim Staat, Sicherung d. Rechte des Bürgers

Gesetzmäßigkeit der Verwaltung

- **Vorrang d. Gesetzes**
- **Vorbehalt d. Gesetzes**
  ⇨ gilt uneingeschränkt **bei GR-Eingriffen** (grds. auch i.R.v. Sonderstatusverhältnissen)
  ⇨ **i.d. Leistungsverwaltung** str.; h.M.: abgeschwächter Gesetzesvorbehalt

Bestimmtheit v. Rechtsnormen

- Im StrafR gilt Art. 103 II GG
- Ansonsten gilt das allg. Rechtsstaatprinzip, d.h.
  ⇨ unbestimmte Rechtsbegriffe nötig wg. Vielgestaltigkeit der Lebensverhältnisse
  ⇨ äußerste Grenze nötig
  ⇨ Grenze entspr. Art. 80 I S.2 GG: Inhalt, Zweck u. Ausmaß der mögl. Belastung müssen für den Bürger erkennbar sein

Vertrauensschutz

⇨ Rückwirkungsverbot für belastende Gesetze
- gilt immer im StrafR, Art. 103 II GG
- ansonsten Differenzierung:
  ⇨ **echte Rückwirkung (Rückbewirkung von Rechtsfolgen)** grds. unzulässig, außer Bürger musste damit rechnen, verworrene Rechtslage, nichtige Norm, überwiegendes Gemeinwohl, Schaden d. Bürgers gering
  ⇨ unechte Rückwirkung (tatbestandl. Rückanknüpfung) grds. zulässig, außer überwiegendes Vertrauen

Umseitig sind vier wichtige Ausprägungen des Rechtsstaatsprinzips dargestellt.

Dabei ist beim Gewaltenteilungsprinzip zu beachten, dass eine Durchbrechung (etwa bei Ermächtigung der Exekutive zum Erlass von Rechtsverordnungen, vgl. dazu StaatsR II, Rn. 114 - 118) erst dann eine Verletzung dieses Prinzips darstellt, wenn in den Kernbereich einer Gewalt eingegriffen wird.

Bei der Gesetzmäßigkeit der Verwaltung bedeutet Vorrang des Gesetzes kein Handeln gegen das Gesetz und Vorbehalt des Gesetzes kein Handeln ohne Gesetz. Nach der Wesentlichkeitstheorie muss der Gesetzgeber die für die Gesellschaft wesentlichen Fragen selbst regeln.

I.R.d. Rückwirkungsverbots für belastende Gesetze unterscheidet der 1. Senat des BVerfG zwischen echter und unechter Rückwirkung (je nachdem, ob in einen Tatbestand eingegriffen wird, der in der Vergangenheit abgeschlossen wurde oder noch fortdauert), der 2. Senat zwischen Rückbewirkung von Rechtsfolgen und tatbestandlicher Rückanknüpfung. Rückbewirkung liegt dabei vor, wenn die Rechtsfolge auch nur einen Tag vor ihrer Verkündung gelten soll. Beide Senate kommen aber regelmäßig zu identischen Ergebnissen.

Zum Rechtsstaatsprinzip werden zudem noch gezählt: die Gewährleistung von Grundrechten, die sog. Justizgrundrechte (Art. 101, 103 I, III GG), Art. 104 GG, Rechtsschutz zugunsten des einzelnen durch eine sachlich und persönlich unabhängige Justiz (Art. 19 IV S.1, 93 I Nr.4a GG), auch Haftung des Staates für Rechtsverletzungen durch öffentliche Organe (Staatshaftungsrecht i.V.m. Art. 34 GG) und der Begriff des formellen Gesetzes im Zusammenhang mit der rechtsstaatlichen Normenhierarchie (vgl. StaatsR II, Rn. 110 ff.).

Die Gesetzgebungskompetenzen

I. Grundsatz: Länderkompetenz

Gem. Art. 30 u. 70 GG, soweit nicht das GG selbst dem Bund die Kompetenz zuweist

II. Ausnahmen: Bundeskompetenz

ausdrücklich geregelt

1. **Ausschließliche Bundeskompetenz,** Art. 71 GG (Begriff), Art. 73 GG (nicht abschließender Katalog), andere Stellen in GG (z.B. Art. 21 III, 38 III GG)
2. **Konkurrierende Gesetzgebungskompetenzen,** Art. 72 GG (Begriff), Art. 74, 105 II GG (Gegenstände der konk. Gesetzgebung)
3. **Grundsatzgesetzgebungskompetenz** des Bundes, Art. 91a II S.2, 109 III, 140 GG i.V.m. Art. 138 WRV

ungeschrieben

1. **Kompetenz kraft Sachzusammenhangs**
   ⇨ unerlässlicher Zusammenhang mit ausdrücklich zugewiesener Materie
2. **Annexkompetenz**
   ⇨ Vorbereitung und Durchführung einer zugewiesenen Materie
3. **Kompetenz kraft Natur der Sache**
   ⇨ Regelung begriffsnotwendig nur durch Bundesgesetzgeber

Art. 70 GG konkretisiert die grundsätzliche Verteilung der Kompetenzen in Art. 30 GG und weist grds. die Gesetzgebungskompetenz den Ländern zu, soweit nicht das Grundgesetz dem Bund Gesetzgebungsbefugnisse verleiht. Bundeskompetenzen für die Gesetzgebung sind im Grundgesetz ausdrücklich und auch in anerkannten ungeschriebenen Fällen vorgesehen (vgl. umseitig). Dabei können die Länder i.R.d. ausschließlichen Bundeskompetenz gem. Art. 71 GG nur Gesetze erlassen, wenn sie vom Bund dazu ermächtigt sind. Im Bereich der konkurrierenden Gesetzgebungskompetenz besteht die Befugnis der Länder zur Gesetzgebung, jedenfalls solange und soweit der Bund von seiner Kompetenz keinen Gebrauch gemacht hat, Art. 72 I GG. In den in Art. 72 III GG aufgezählten Fällen haben die Länder das Recht, von bereits erlassenen Bundesgesetzen abzuweichen, Art. 31 GG gilt hier nicht. Der Bund darf in den in Art. 72 II GG genannten Fällen von seiner Gesetzgebungskompetenz nur Gebrauch machen, wenn dieses Tätigwerden zur Wahrung der Rechts- oder Wirtschaftseinheit bzw. zur Herstellung gleichwertiger Lebensverhältnisse erforderlich ist. Art. 72 II GG ist dabei restriktiv auszulegen. Das bloße Bemühen nach Vereinheitlichung und Angleichung reicht für die Erforderlichkeit i.S.d. Art. 72 II GG nicht aus!

Bei der Grundsatzgesetzgebung darf der Bundesgesetzgeber keine erschöpfenden Regelungen treffen, es wird aber nicht darauf abgestellt, dass sie durch Landesgesetze ausgefüllt wird und es besteht keine formale Bindung an Art. 72 GG.

Die Kompetenz kraft Sachzusammenhangs („Ausdehnung in die Breite“) und die Annexkompetenz („Ausdehnung in die Tiefe“) sind nur zurückhaltend anzuwenden bzw. sorgfältig zu begründen. Eine Auslegung von geschriebenen Kompetenzen geht der Suche nach ungeschriebenen stets vor. Auch an die Bejahung einer Kompetenz kraft Natur der Sache sind hohe Anforderungen zu stellen.

Insgesamt wurde das Regel-Ausnahmeverhältnis der Art. 30, 70 GG durch die ausführlichen Kataloge der dem Bund zugewiesenen Kompetenzen sowie die weite Auslegung praktisch eher umgekehrt. Gehen Sie in der Klausur aber immer von der Regel des Art. 70 GG aus!

Überblick über das Gesetzgebungsverfahren

1. Gesetzgebungsinitiative inkl. Vorverfahren

- Initiativberechtigte gem. Art. 76 I GG: Bundesregierung, Bundesrat, „Mitte des Bundestages“ (§ 76 GeschOBT)
- Weiterleitung der Vorlagen gem. Art. 76 II, III GG

2. Beschlussfassung durch den Bundestag

Art. 77 I S.1 GG, §§ 78 ff. GeschOBT; Art. 42 GG, § 45 GeschOBT

3. Beteiligung des Bundesrats

dem Bundesrat zuleiten gem. Art. 77 I S.2 GG

Einspruchsgesetze

Art. 77 III GG

- Nach Abschluss des Verfahrens vor dem Vermittlungsausschuss gem. Art. 77 II GG binnen 2 Wochen Einspruch mögl.
- Einspruch kann von Bundestag gem. Art. 77 IV GG zurückgewiesen werden

Zustimmungsgesetze

- Zustimmungsbedürftigkeit im GG abschließend geregelt (P.: Änderung v. Zustimmungsgesetzen)
- Beschlussfassung i.d. Frist d. Art. 77 IIa GG
- Gesetz kommt nur bei Zustimmung des Bundesrats zustande
- Art. 77 II S.4 GG beachten!

4. Ausfertigung u. Verkündigung

Das gem. Art. 78 GG zustande gekommene Gesetz ist gegenzuzeichnen gem. Art. 58 GG und vom Bundespräsidenten auszufertigen und zu verkünden gem. Art. 82 GG

In den Art. 76 ff. GG ist der Ablauf des Gesetzgebungsverfahrens für den Bereich der Bundesgesetzgebung geregelt. Wie die Frage nach der Gesetzgebungskompetenz kann das Gesetzgebungsverfahren im Rahmen einer Klausur im Bereich der formellen Verfassungsmäßigkeit einer Norm auftauchen, etwa bei einer Grundrechtsprüfung oder einem Normenkontrollantrag. Dafür reicht meist ein grober Überblick aus, der hier in der vereinfachten Darstellung des Gesetzgebungsverfahrens gegeben wird.

Nach dem ersten Abschnitt der Gesetzesinitiative gem. Art. 76 I GG inkl. des Vorverfahrens gem. Art. 76 II und III GG folgt das Haupt- bzw. Beschlussverfahren gem. Art. 77 GG. Der Bundestag als zentrales Gesetzgebungsorgan beschließt gem. Art. 77 I S.1 GG die Bundesgesetze. Einzelheiten dieses Verfahrens ergeben sich aus §§ 78 ff. GeschOBT.

Bei der Beteiligung des Bundesrats, der bei der Gesetzgebung i.d.R. nur mitwirkt, sind Einspruchsgesetze und Zustimmungsgesetze zu unterscheiden. Bei den Einspruchsgesetzen kann der Bundesrat durch Erhebung des Einspruchs den Beschluss nicht verhindern, aber erschweren, Art. 77 IV GG. Bei Zustimmungsgesetzen kommt das Gesetz nur mit Zustimmung des Bundesrats zustande, wobei für die Zustimmung nach Art. 52 III GG die Mehrheit der gesetzlichen Stimmenzahl erforderlich ist. I.R.d. Abstimmung ist zudem das Gebot der einheitlichen Abstimmung nach Art. 51 III GG zu beachten. Das Grundgesetz erwartet die einheitliche Stimmenabgabe und respektiert die Praxis der landesautonom bestimmten Stimmführer, ohne seinerseits mit Geboten und Festlegungen in den Verfassungsraum des Landes überzugreifen. Aus der Konzeption des Grundgesetzes für den Bundesrat folgt, dass der Abgabe der Stimmen durch einen Stimmführer jederzeit durch ein anderes Bundesratsmitglied desselben Landes widersprochen werden kann und damit die Voraussetzungen der Stimmführerschaft insgesamt entfallen.

Wirksam wird das Gesetz erst nach Ausfertigung und Verkündung durch den Bundespräsidenten gem. Art. 82 GG (zu dessen Prüfungsrecht vgl. ÜK 11).

Für verfassungsändernde Gesetze, die grundsätzlich auch gemäß Art. 76 ff. GG erlassen werden, stellt Art. 79 GG erschwerende Voraussetzungen bezüglich Verfahren (Art. 79 I, II GG) und Inhalt (Art. 79 III GG) auf. Über Art. 79 III GG kann bspw. das Rechtsstaatsprinzip in einer Klausur Bedeutung erlangen: Zwar sind die einzelnen Grundrechte von Art. 79 III GG nicht erfasst, wohl aber der dem Rechtsstaatsprinzip zuzuordnende Kernbereich der wichtigen Grundrechte!

Die Verwaltungskompetenzen im Grundgesetz

StaatsR II

Staatsrecht II, Rn. 181-198

ÜK 10

I. Inhalt der Verwaltungskompetenzen

Art. 84 I, II GG:
⇨ Einrichtung der Behörden
⇨ Regelung des Verwaltungsverfahrens
⇨ Erlass von Verwaltungsvorschriften

II. Verteilung der Verwaltungskompetenzen

für den Bereich der **gesetzesakzessorischen Verwaltung** von Bundesgesetzen

Ausführung d. Bundesgesetze durch die Länder als eigene Angelegenheit

Art. 83, 84 I GG:
Grds. führen Länder Bundesgesetze als eigene Angelegenheit aus. Nach Art. 84 III GG Bundesaufsicht als reine Rechtsaufsicht, Aufsichtsmittel:

- Recht auf allgem. Information
- Entsendung eines Beauftragten
- Mängelrüge, Art. 84 IV GG
- Einzelweisungen, Art. 84 V GG

Bundesauftragsverwaltung

Art. 85 GG: nur, wenn im GG angeordnet:
Handlungsmöglichkeiten der Länder eingeschränkt:

- gem. Art. 85 III GG Weisungsgebundenheit
- gem. Art. 85 IV GG Fachaufsicht; trotzdem echte Landesverwaltung

bundeseigene Verwaltung

Art. 86 GG: Gegenstände in Art. 87 GG nicht abschließend normiert; stärkste Abweichung von Art. 30, 83 GG

Unterscheide:
bundesunmittelbare Verwaltung und mittelbare Bundesverwaltung

Verwaltungshandeln liegt bei gesetzesvollziehender Verwaltung unproblematisch vor. Bei der sog. nicht-gesetzesakzessorischen Verwaltung ist die Einordnung als Verwaltungshandeln in Abgrenzung zu den anderen beiden Gewalten vorzunehmen: Verwaltung ist das Wahrnehmen einer öffentlichen Aufgabe durch den Staat, die nicht Rechtsprechung oder Gesetzgebung ist.

Für die Verteilung der Verwaltungskompetenzen sind Art. 30 und 83 ff. GG von Bedeutung. In den Art. 83 ff. GG geht es um die gesetzesakzessorische Verwaltung von Bundesgesetzen (Landesgesetze werden nach Art. 30 GG durch die Länder vollzogen. Art. 30 GG gilt auch für die nicht-gesetzesakzessorische Verwaltung.). Daraus ergibt sich als Grundsatz die Ausführung der Bundesgesetze durch die Länder als eigene Angelegenheit gem. Art. 83, 84 I GG. Davon abweichend sieht das Grundgesetz obligatorisch (z.B. in Art. 90 II, 104a III S.2 GG) oder fakultativ (z.B. Art. 87c, 87d II GG) Bundesauftragsverwaltung durch die Länder vor. Hier ist durch die Fachaufsicht des Bundes und die Weisungsgebundenheit der Länder die Handlungsfreiheit der Länder eingeschränkt. Die Eingriffsmittel der Rechtsaufsicht (umseitig!) werden nach h.M. ohne vorherige Mängelrüge ausgelöst, wenn ein Land einer Weisung nicht nachkommt. Denn darin liegt ein Rechtsverstoß.

In den Fällen des Art. 87 GG u.a. im Grundgesetz (z.B. Art. 87b, 87d I, 89, 90 III GG) ist ausnahmsweise eine bundeseigene Verwaltung vorgesehen, bei der der Bund selbst nach außen als Verwaltungsträger auftritt (unmittelbar oder mittelbar, wenn z.B. einer rechtlich selbständigen juristischen Person des öffentlichen Rechts Verwaltungsaufgaben des Bundes übertragen sind).

Ungeschriebene Verwaltungskompetenzen des Bundes sind nur sehr selten anzunehmen.

Abgesehen von Art. 91a ff. GG ist eine Mischverwaltung, d.h. Kooperation von Bund und Ländern bei der Ausführung von Bundesgesetzen unzulässig, da sonst die Regelungen der Art. 83 ff. GG ausgehebelt würden.

Die wichtigsten Befugnisse des Bundespräsidenten

Staatsrecht II, Rn. 203-225

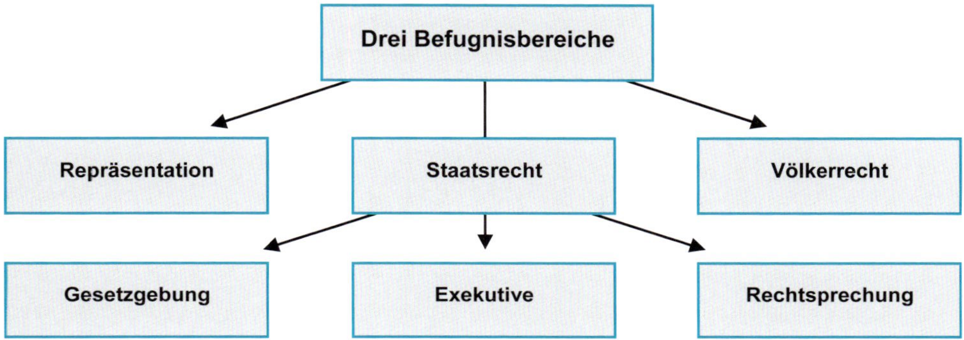

Gesetzgebung

- Gesetzgebungsnotstand, Art. 81 GG
- Ausfertigung von Gesetzen, Art. 82 I GG (hier kein polit. Prüfungsrecht, aber formelles Prüfungsrecht unstreitig (+), str., ob materielles Prüfungsrecht

Exekutive

z.B. bei der Regierungsbildung:

- Vorschlag u. Ernennung des Bundeskanzlers, Art. 63 I, II S.2 GG
- Ernennung der Bundesminister, Art. 64 I GG (hier zwar formelles u. materielles, aber kein politisches Prüfungsrecht)

Rechtsprechung

- Art. 60 I GG: Ernennung der Bundesrichter
- Art. 60 II GG: Ausübung des Begnadigungsrechts für den Bund

Der Bundespräsident ist das Staatsoberhaupt der BRD. Er ist ein unselbständiger, nicht regierender Präsident, vgl. Art. 58 GG, der im Vergleich zum Reichspräsidenten der WRV viel Macht verloren hat. Wichtig ist seine Reservefunktion, wenn andere Verfassungsorgane nicht mehr arbeiten können, vgl. Art. 68 GG. Der Bundespräsident wird für eine Amtszeit von 5 Jahren von der Bundesversammlung i.S.d. Art. 54 III GG gewählt, Art. 54 I S.1 GG. Eine einmalige Wiederwahl ist zulässig.

Zu den wichtigsten Befugnissen des Bundespräsidenten vgl. die umseitige Darstellung. Dabei ergibt sich die Befugnis zur völkerrechtlichen Vertretung der BRD aus Art. 59 I GG.

Bei der Frage nach dem Prüfungsrecht des Bundespräsidenten bzgl. der von ihm nach Art. 82 I GG auszufertigenden Gesetze ist folgendes zu beachten: Ein politisches Prüfungsrecht i.S. einer Zweckmäßigkeitskontrolle steht dem Bundespräsidenten unstreitig nicht zu, da dies einen unzulässigen Eingriff in die politische Staatsleitung durch das unmittelbar demokratisch legitimierte Parlament darstellen würde. Ein formelles Prüfungsrecht bzgl. Gesetzgebungsverfahren bzw. -kompetenz ist nach dem Wortlaut des Art. 82 I GG zu bejahen. Daraus ergibt sich aber nicht zwingend auch ein materielles Prüfungsrecht. Ein solches lässt sich auch nicht aus dem geleisteten Amtseid i.S.d. Art. 56 GG oder aus Art. 61 GG ableiten, denn die Rechte des Bundespräsidenten werden von diesen Normen vorausgesetzt. Auch aus der Stellung des BVerfG ergibt sich diesbezüglich kein Argument, weil der Bundespräsident ja keine letzte Entscheidung über die Gültigkeit einer Norm treffen würde (Bundestag kann Organstreit herbeiführen!). Für ein materielles Prüfungsrecht spricht aber v.a., dass es dem Bundespräsidenten, der gem. Art. 20 III GG an Gesetz und Recht gebunden ist, nicht zumutbar ist, sehenden Auges die Ausfertigung einer verfassungswidrigen Norm herbeizuführen. Deshalb bejaht die h.M. das materielle Prüfungsrecht (z.T. aber nur für evidente Verstöße).

Bildung der Bundesregierung/Verantwortlichkeit

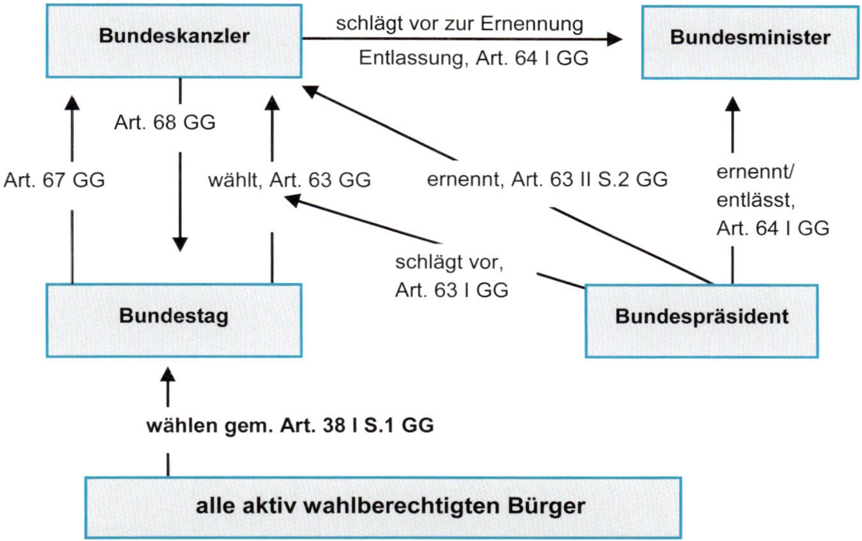

Die Bundesregierung besteht gem. Art. 62 GG aus dem Bundeskanzler und den Bundesministern. Dabei wählt jeder neu gewählte Bundestag auf Vorschlag des Bundespräsidenten einen neuen Bundeskanzler, Art. 63 I GG. Erreicht der Bundeskanzler im ersten Wahlgang die von Art. 63 II GG geforderte absolute Mehrheit der stimmberechtigten Mitglieder des Bundestages, so wird er anschließend vom Bundespräsidenten zum Kanzler ernannt, Art. 63 II S.2 GG. Wird diese Mehrheit nicht erreicht, ist gem. Art. 63 III, IV GG vorzugehen.

Die Bundesminister werden auf Vorschlag des Bundeskanzlers vom Bundespräsidenten ernannt, Art. 64 I GG.

Die Aufgaben der Bundesregierung sind über das ganze Grundgesetz verteilt. Sie ist v.a. politisches Führungsorgan, Exekutivorgan und Organ für die Initiierung von Gesetzen.

Für die Regierungsarbeit gelten gem. Art. 65 GG das Kanzlerprinzip (Art. 65 S.1 GG, Richtlinien sind allgemeine Grundsätze und Richtungen der Politik, u.U. auch wichtige Einzelentscheidungen), das Ressortprinzip (Art. 65 S.2 GG: Minister leiten Ministerien innerhalb der Richtlinien selbständig) und Kollegialprinzip (Art. 65 S.3 GG, begrenzt durch die beiden anderen Prinzipien, also nur bei ressortübergreifenden Fragen, für die keine Richtlinien bestehen).

Im parlamentarischen Regierungssystem des Grundgesetzes ist die Regierung vom Parlament abhängig und bedarf der Zustimmung seiner Mehrheit. Neben der Kanzlerwahl wird dies auch deutlich beim konstruktiven Misstrauensvotum des Art. 67 GG und der Vertrauensfrage nach Art. 68 GG. Dabei ist i.R.d. Art. 68 GG ungeschriebene Voraussetzung, dass eine politisch instabile Lage gegeben ist. Denn Art. 68 GG ist das Verbot einer voraussetzungslosen Selbstauflösung des Parlaments inhärent. Allerdings gewährt das BVerfG dem Kanzler hinsichtlich des Vorliegens einer solchen Lage einen großzügigen Beurteilungsspielraum.

Wahl des Bundestages

Gem. Art. 38 I S.1 GG wird der Bundestag gewählt

- **unmittelbar**, d.h. zwischen Wahlakt u. Ergebnis darf kein autonomer Wille stehen (z.B. Wahlmänner)
- **frei**, d.h. kein Druck, Zwang, rechtswidriger Einfluss auf Wähler/Wahlbewerber vor/nach der Wahl; zulässig aber: Wahlwerbung durch politische Parteien
- **gleich**, d.h. jeder Wähler hat die gleiche Zahl von Stimmen, die bei der Auszählung auch den gleichen Wert haben (Zählwertgleichheit) und i.R.e. Verhältniswahl (potentiell) gleichen Einfluss auf das Ergebnis (Erfolgswertgleichheit) haben
- **geheim** (muss Wahlakt selbst bleiben), sichert freie Wahl

Staatsvolk i.S.d. Art. 20 II GG
grds. alle Bürger aktiv wahlberechtigt ⇨ <u>Grundsatz der allgemeinen Wahl, Art. 38 I S.1 GG</u>

Einschränkungen des grundrechtsgleichen Rechts nur, wenn verhältnismäßig

Der Bundestag als die Versammlung der vom Volk gewählten Volksvertreter ist das einzige unmittelbar demokratisch legitimierte Staatsorgan und damit das zentrale Organ der repräsentativen Demokratie. Insbesondere durch die Wahl zum Bundestag gem. Art. 38 I S.1 GG übt das deutsche Volk (vgl. Präambel, Art. 146 GG) seine Staatsgewalt gem. Art. 20 II GG aus. Mit dem aufgrund Art. 38 III GG erlassenen Bundeswahlgesetz hat sich der Gesetzgeber für das Wahlsystem der personalisierten Verhältniswahl, einer Mischform aus Verhältniswahl und Mehrheitswahl, entschieden (näher dazu StaatsR II, Rn. 243 ff.).

Die Wahlrechtsgrundsätze des Art. 38 I S.1 GG sind - wie die zeitliche Begrenzung der Wahlperioden gem. Art. 39 I S.1 GG - Ausfluss des Demokratieprinzips. Sie gelten über die Homogenitätsklausel des Art. 28 I S.1 GG auch für die Wahlen in den Bundesländern und Gemeinden.

Der Grundsatz der freien Wahl umfasst auch das Recht, einer Wahl völlig fernzubleiben, denn auch darin kann die Demonstration einer politischen Meinung liegen.

Beim Grundsatz der gleichen Wahl ist v.a. die sog. „Fünf-Prozent-Klausel“ nach § 6 III BWG problematisch: Danach haben die Stimmen der Wähler, die eine an der Sperrklausel gescheiterte Partei gewählt haben, keinen Einfluss auf den Wahlausgang und verfallen. Weil nur dadurch aber eine starke Zersplitterung des Parlaments verhindert werden kann, bejaht das BVerfG die Verfassungsmäßigkeit der Klausel. Für die Wahl zum europäischen Parlament wurde eine entsprechende Sperrklausel vom BVerfG u.a. gerade deshalb verworfen, weil dort ohnehin über 150 Parteien repräsentiert sind, also eine Zersplitterung in diesem Sinne bereits besteht.

Problematisch ist die Einhaltung des Grundsatzes der geheimen Wahl bei der sog. Briefwahl, von der in großem Umfang Gebrauch gemacht wird. Wenn gewisse Anforderungen eingehalten werden, ist die Briefwahl aber als Möglichkeit zur Sicherung der allgemeinen Wahl zulässig.

Aus dem Demokratiegrundsatz und dem Rechtsstaatsgebot leitet das BVerfG auch das Gebot der „offenen Wahl“ ab. Hierunter versteht das BVerfG die Nachprüfbarkeit des Wahlvorgangs und des Ergebnisses für den Wähler, so dass eine Wahl allein über einen Wahlcomputer unzulässig sein soll.

Funktionen des Bundestages

Staatsrecht II, Rn. 261-292

Funktionen des Bundestages

Befugnisse des Bundestages

Herrschaftsbestellung

(Mit-)Bestellung von:

- Bundespräsident, Art. 54 GG
- Bundeskanzler, Art. 63 GG
- Hälfte der Mitglieder d. BVerfG, Art. 94 I GG
- Hälfte der Mitglieder d. Richterwahlausschusses, Art. 95 II GG

Gesetzgebung

- **Initiativrecht, Art. 76 I GG**
- Entscheidung über Gesetzesvorlagen, Art. 77 I S.1 GG
- bei Zustimmungsgesetzen Einberufung d. Vermittlungsausschusses, Art. 77 II S.4 GG
- Haushaltsgesetzgebung, Art. 110 II GG

Kontrolle d. Regierung

- **Zitationsrecht, Art. 43 I GG**
- Zustimmungserfordernis d. Art. 59 II GG
- Art. 67 und 68 GG
- Einsetzung von Untersuchungsausschüssen, Art. 44 GG

HEMMER-METHODE zu ÜK 14

In der Herrschaftsbestellungs- (auch Wahl-, Kreativ-)funktion bestellt der Bundestag die anderen obersten Bundesorgane (außer dem Bundesrat) bzw. deren Spitze zumindest mit. Diese werden so mittelbar demokratisch legitimiert.

Das Recht, den Haushaltsplan durch das Haushaltsgesetz festzustellen, ist nicht nur Teil der Gesetzgebungsfunktion, sondern auch der Kontrollfunktion des Bundestages. Ein anderes wichtiges Element der Kontrollfunktion ist die Einsetzung von Untersuchungsausschüssen, Art. 44 GG. Sie sind Hilfsorgane des Bundestages, um bestimmte Tatsachen zu ermitteln bzw. zu untersuchen. Das Untersuchungsrecht darf aber insbesondere nur i.R.d. Kompetenzen des Bundestages ausgeübt werden. D.h., dass Grenzen aus dem Bundesstaatsprinzip und aus der Gewaltenteilung bestehen, § 1 III PUAG, und der Untersuchungsgegenstand durch den Bundestag hinreichend bestimmt werden muss, § 3 PUAG.

Als ungeschriebene Befugnis wird dem Bundestag eine Allzuständigkeit für schlichte Beschlüsse zugebilligt, soweit dadurch nicht Rechte anderer Organe beeinträchtigt oder geschriebene Regeln umgangen werden. Verbindliche Beschlüsse bedürfen aber einer Rechtsgrundlage.

Zu Einzelheiten bzgl. der Arbeitsweise des Bundestages vgl. StaatsR II, Rn. 274 - 285.

Rechte des einzelnen Abgeordneten ergeben sich aus dem freien Mandat des Art. 38 I S.2 GG (hier aber Spannungsverhältnis zu Parteizugehörigkeit, Grenzen von Fraktionsdisziplin bzw. -zwang beachten), aus Art. 46 I GG (Indemnität) und Art. 46 II GG (Immunität).

Zur Rechtsstellung des fraktionslosen Abgeordneten vgl. StaatsR II, Rn. 289 ff. (Rede- und Abstimmungsrecht im Plenum, Recht auf Vertretung in einem Ausschuss, dort aber kein Stimmrecht).

Überblick über die Finanzverfassung

I. Allgemeiner Lastenverteilungsgrundsatz

Art. 104a I GG: die Ausgaben folgen den Aufgaben (Durchbrechungen aber gem. Art. 104a II - IV GG), finanzielle Unabhängigkeit von Bund und Ländern, institutionell u. organisationsrechtlich abgesichert durch Art. 109 I GG

II. Kompetenzen

Gesetzgebung	Verwaltung	Rechtsprechung
Art. 105 GG	**Art. 108 GG**	**Art. 108 VI GG ⇨ FGO**

III. Verteilung der Steuern und Finanzausgleich

Art. 106 GG: **vertikale Steuerverteilung** an Bund, Länder, Gemeinden

Art. 107 GG: **horizontaler Finanzausgleich** ⇨ der den Ländern gem. Art. 106 GG zustehende Anteil des Steueraufkommens wird zwischen den Ländern verteilt (dabei Ausgleich der unterschiedlichen Finanzkraft gem. Art. 107 II GG)

HEMMER-METHODE zu ÜK 15

Sie sollten auch über die Art. 104a ff. GG, den praktisch vielleicht wichtigsten Abschnitt im Grundgesetz, einen groben Überblick haben. Lesen Sie dazu die einschlägigen Vorschriften nach, und lernen Sie die wichtigen Grundsätze der allgemeinen Lastenverteilung gem. Art. 104a I GG (Grundsatz der gesonderten Ausgabentragung), der selbständigen und unabhängigen Haushaltswirtschaft von Bund und Ländern, Art. 109 I GG, und die Kompetenzen i.R.d. Finanzverfassung kennen. Besonders wichtig sind Art. 106 u. 107 GG, die die Verteilung der Steuern und den Finanzausgleich regeln. Lesen Sie auch einmal Art. 110 - 115 GG, wichtige sonstige Normen über das Haushaltsrecht.

Auch die vier wichtigsten Unterbegriffe zum Oberbegriff der Abgabe (Geldleistungspflicht der Bürger gegenüber dem Staat) sollten bekannt sein:

<u>Steuern</u>: legaldefiniert in § 3 AO, unabhängig von besonderer Gegenleistung des Staates, dienen keinem Sachzweck außer der allgemeinen Mittelbeschaffung des Staates.

<u>Gebühren</u>: Abgaben, denen Gegenleistung des Staates gegenübersteht, z.B. für Handeln der Verwaltung (Verwaltungsgebühren), für Benutzung einer öffentlichen Sache oder Einrichtung (Benutzungsgebühren), legaldefiniert in den Kommunalabgabengesetzen der Länder.

<u>Beiträge</u>: Gegenleistung für die bloße Möglichkeit der Inanspruchnahme eines Vorteils, legaldefiniert in den Kommunalabgabengesetzen der Länder.

<u>Sonderabgaben</u>: BVerfG fasst darunter Geldleistungspflichten, die mit Hilfe von Sachkompetenzen aus Art. 70 ff. GG auferlegt werden. Nur zulässig, wenn keine Gefahr der Umgehung der Art. 104a ff. GG (nur i.R.d. Verfolgung eines bestimmten Sachzwecks, nicht für allg. Mittelbeschaffung, nur Belastung von homogener Gruppe mit Finanzierungsverantwortlichkeit, Abgabenaufkommen muss gruppennützig verwendet werden).

Auswärtige Beziehungen, insbes. völkerrechtliche Verträge

I. Abschluss völkerrechtlicher Verträge

1. **Verbandskompetenz**
   grds. Bund gem. Art. 32 I GG, aber Art. 32 III GG:
   Länder, soweit gesetzgebungskompetent; str., ob danach Länder nur oder auch abschlusskompetent (h.M. zentralistische Theorie: „auch“, a.A. Konvergenztheorie)
   i.d. Praxis Lindauer Abkommen: Bund wird Abschlusskompetenz zugestanden, zunächst wird Einverständnis d. Länder eingeholt
2. **Organkompetenz**
   soweit Bund völkerrechtl. Verträge abschließt, Vertretung durch den Bundespräsidenten gem. Art. 59 I S.1 GG (nur Ratifikation, Willensbildung bleibt bei Regierung, Parlament)

II. Transformation

1. **Erforderlich gem. Art. 59 II GG** innerstaatliche Wirkung erst nach Transformationsakt
2. **Wirkung der Vertragsgesetze gem. Art. 59 II S.1 GG:**
   - Ermächtigungsgrundlage für Vertragsschluss
   - verleiht dem Vertrag innerstaatliche Wirkung
3. **Transformationskompetenz**
   Problem: in Angelegenheiten d. ausschließlichen Landesgesetzgebungskompetenz
   ⇨ Bundesgesetz als Ermächtigungsgrundlage für Vertragsschluss, Landesgesetz zur Transformation (Konsequenz aus zentralistischen Theorie).

HEMMER-METHODE zu ÜK 16

Die BRD als Völkerrechtssubjekt kann mit anderen Staaten in völkerrechtlichen Beziehungen stehen. Die herrschende dualistische Theorie geht davon aus, dass Völkerrecht und innerstaatliches Recht zwei voneinander getrennte Rechtsgebiete sind (a.A. monistische Theorie). Wichtigste Konsequenz der dualistischen Theorie ist, dass Völkerrecht innerstaatliche Geltung erst durch Umsetzung (Transformation) erlangt (allgemeine Regeln des Völkerrechts gelten hingegen gem. Art. 25 GG unmittelbar). Zum Abschluss und der Transformation völkerrechtlicher Verträge vgl. umseitig. Bei der Frage nach der Abschlusskompetenz überzeugt auch unter praktischen Gesichtspunkten die zentralistische Theorie: Gerade supranationale Organisationen wollen eher Verträge mit dem Bundesstaat als mit einzelnen Ländern abschließen. Deren Interessen sind durch ihre Transformationskompetenz gewahrt.

Das Zustimmungserfordernis durch Vertragsgesetz gem. Art. 59 II S.1 GG betrifft nur Verträge, die die politischen Beziehungen des Bundes regeln oder Gegenstände der Bundesgesetzgebung zum Inhalt haben. Diese Zustimmungsgesetze können schon vor Ausfertigung und Verkündung Gegenstand einer abstrakten Normenkontrolle sein, um ein Auseinanderfallen von völkerrechtlichen und verwaltungsrechtlichen Pflichten zu vermeiden. Die völkerrechtlichen Verträge, die nicht unter Art. 59 II S.1 GG fallen, sind Verwaltungsabkommen i.S.d. Art. 59 II S.2 GG. Sie werden durch Verordnung, Verwaltungsakt oder Verwaltungsvorschrift umgesetzt, nachdem sie von Organen der Exekutive abgeschlossen wurden. Probleme der Verbandskompetenz bei ihrem Abschluss werden durch das Lindauer Abkommen geklärt.

Zur internationalen Integration der BRD vgl. auch Art. 24 GG (betreffend die Beteiligung an kollektiven Sicherheitssystemen) und Art. 23 GG als lex specialis für die EU.

Die politischen Parteien

I. Begriff der politischen Partei

Wesentliche Strukturprinzipien (vgl. Art. 2 I PartG)
- Personenvereinigung mit fester Organisation
- Beteiligung an den Wahlen zu Bundes- und Landtag
- Gewähr einer gewissen Dauerhaftigkeit

II. Verfassungsrechtliche Rechtsstellung, Art. 21 GG

Rechte der Parteien

- **Gründungsfreiheit, Art. 21 I S.2 GG:** erfasst auch Programmfreiheit, Beitritt, Austritt (Rechte ggü. Staat! Ggü. Partei vgl. § 10 I, IV PartG)
- **Betätigungsfreiheit**: konkretisiert u. erweitert, z.B. durch Art. 5, 8 GG
- **Teilnahme an Parlamentswahlen** (vgl. etwa § 27 BWG)
- **Recht auf Chancengleichheit u. Gleichbehandlung**, Art. 21, 3 GG: einfachgesetzl. Konkretisierung in § 5 PartG; Ungleichbehandlung gerechtfertigt, wenn zwingende Gründe (z.B. Fünf-Prozent-Klausel)

Pflichten und Bindungen

- **Demokratische innere Ordnung**, Art. 21 I S.3 GG (v.a. Willensbildung v. Mitgliedern zur Parteiführung), Konkretisierung in §§ 6 ff. PartG
- **Rechenschaftspflicht**, Art. 21 I S.4 GG; näher ausgestaltet in §§ 23 ff. PartG
- Zwar keine Pflicht zur Staats- oder Verfassungstreue, doch **Art. 21 II, III GG als Schranke d. Freiheitsrechts: Parteiverbot** (Verfahren gem. Art. 21 IV GG i.V.m. §§ 43 ff. BVerfGG); daraus folgt auch das sog. **Parteienprivileg** (Partei darf vor Verbot nicht als verfassungs-

Die politischen Parteien, die i.d.R. als nicht rechtsfähige bürgerlich-rechtliche Vereine organisiert sind, haben eine große praktische Bedeutung für das Staatswesen erlangt. Sie wirken gem. Art. 21 I S.1 GG bei der politischen Willensbildung des Volkes mit.

Sie kanalisieren die politische Willensbildung und stellen die Zwischenglieder zwischen dem Bürger und dem Staat dar. Mehrheitsparteiführung und Staatsleitung sind i.d.R. identisch. Es besteht also eine enge Verknüpfung der Parteien zum staatlichen Bereich. Andererseits sind die Parteien aber auch im gesellschaftlichen Bereich verwurzelt und somit der gesellschaftlichen, nicht der staatlichen Sphäre zuzurechnen. Sie können also auch des Schutzes gegen den Staat bedürfen.

Auch prozessual spiegelt sich diese Stellung der Parteien wider: Nach der Rechtsprechung des BVerfG sind sie im Organstreitverfahren antragsberechtigt, wenn sie „staatsorganähnlich“, also unmittelbar in Rechten aus Art. 21 GG betroffen sind. Sie können aber auch ein „jedermann“ i.S.d. Verfassungsbeschwerde sein, wenn ihnen der Staat als Gruppierung aus dem gesellschaftlichen Bereich gegenübertritt.

Im Verwaltungsprozess sind Bundes- und Landesverbände gem. § 3 PartG beteiligtenfähig, für Ortsverbände kann sich die Beteiligtenfähigkeit aus § 61 Nr.2 VwGO i.V.m. einer einfachgesetzlichen Berechtigungsnorm ergeben.

Zur verfassungsrechtlichen Rechtsstellung der Parteien vgl. umseitig. Einfachgesetzlich ist das Parteiwesen im Parteiengesetz gem. Art. 21 V GG geregelt. Dort werden die verfassungsrechtlichen Rechte und Pflichten konkretisiert. Umgekehrt spielt Art. 21 GG bei der Auslegung des PartG eine Rolle.

Rechtsbehelfe zur erstmaligen Kontrolle von Verwaltungshandlungen

Rechtsbehelfe

- **gerichtliche (immer förmlich) nach Klageformen**
  - **Leistungsklage**
    - Verpflichtungsklage (wenn VA)
    - allg. Leistungsklage (subsidiär)
  - **Gestaltungsklage**
    - Anfechtungsklage
    - allg. Gestaltungsklage (h.M. dagegen)
    - Abänderungs- u. Vollstreckungsabwehrklage, § 173 VwGO, §§ 323, 767 ZPO
  - **Feststellungsklage**
    - Fortsetzungsfeststellungsklage
    - Normenkontrolle
    - allg. Feststellungsklage (subsidiär)
    - Zwischenfeststellungsklage, § 173 VwGO, § 256 II ZPO
- **außergerichtliche**
  - **förmlich**
    - Widerspruch, §§ 68 ff. VwGO
  - **formlos**
    - Petition i.w.S.
    - Gegenvorstellung
    - Aufsichtsbeschwerde
    - Dienstaufsichtsbeschwerde

HEMMER-METHODE zu ÜK 1

Die umseitig dargestellten Rechtsbehelfe ermöglichen eine erstmalige Kontrolle von Verwaltungshandlungen. Sie dienen einmal gemäß Art. 19 IV S.1 GG dem subjektiven Rechtsschutz des Betroffenen. Durch sie wird aber auch die gem. Art. 20 III GG gebotene objektive Kontrolle der Einhaltung von Gesetz und Recht erreicht.

Bei den formlosen Rechtsbehelfen, die dogmatisch in Art. 17 GG verankert sind, ist der Rechtsbehelfsführer nicht an Form oder Frist gebunden und muss keine eigene Beschwer geltend machen. Weder Suspensiv- noch Devolutiveffekt treten ein. Wegen des fehlenden Formzwangs führen sie häufig schnell zur Beseitigung rechtswidriger Akte. Zu den Unterschieden zwischen den einzelnen formlosen Rechtsbehelfen vgl. VerwR I, Rn. 152 - 156.

Der Widerspruch gem. §§ 68 ff. VwGO ist als außergerichtlicher, förmlicher Vorschaltrechtsbehelf Zulässigkeitsvoraussetzung i.R.d. Anfechtungs- und Verpflichtungsklage i.F.d. Versagungsgegenklage. In der Klausur kann aber auch einmal nur nach den Erfolgsaussichten des Widerspruchs gefragt sein. Zur Abgrenzung zu den formlosen Rechtsbehelfen vgl. VerwR I, Rn. 148 ff.

Anfechtungsklage gem. § 42 I 1.Alt. VwGO - Prüfungsschema

Klageziel	⇨ gerichtet auf verwaltungsgerichtliche Aufhebung eines bereits erlassenen und noch nicht erledigten VA
I. Rechtsweg	Eröffnung des Verwaltungsrechtswegs, § 40 I VwGO (vgl. § 17a II GVG)
II. Zulässigkeit	A. **Klageart bzw. Statthaftigkeit:** Antrag auf Aufhebung eines VA i.S.d. § 35 VwVfG B. **Klagebefugnis, § 42 II VwGO:** Möglichkeit eigener Rechtsverletzung des Klägers (Ausschluss der Popularklage) C. **Vorverfahren, §§ 68 ff. VwGO** (Ausnahmen gem. § 68 I S.2 VwGO, ungeregelte Fälle der Entbehrlichkeit) D. **Klagefrist, § 74 I VwGO** E. **Weitere Zulässigkeitsvoraussetzungen** (ordnungsgemäße Klageerhebung, Beteiligten-, Prozessfähigkeit, Zuständigkeit des Gerichts, Rechtsschutzbedürfnis)
III. Beiladung und Klagenhäufung	A. Beiladung, § 65 VwGO B. Klagenhäufung, § 44 VwGO (objektive), § 64 VwGO i.V.m. §§ 59 ff. ZPO (subjektive Klagenhäufung bzw. Streitgenossenschaft)
IV. Begründetheit	A. **Obersatz:** Kombination aus §§ 113 I S.1, 78 VwGO B. **Passivlegitimation**, § 78 VwGO (nach a.A. Zulässigkeitsvoraussetzung) C. **Rechtswidrigkeit des angegriffenen VA** D. **Rechtsverletzung des Klägers** (C. und D.: § 113 I S.1 VwGO)

Die Anfechtungsklage gem. § 42 I (1.Alt.) VwGO ist eine Gestaltungsklage. Hier tritt unmittelbar durch das stattgebende Urteil eine Änderung der Rechtslage ein, ohne dass eine Vollstreckung nötig ist. Eine Vollstreckung wäre auch gar nicht zulässig, da das Verwaltungsgericht den angefochtenen VA selbst aufhebt, wenn er rechtswidrig ist und den Kläger in seinen Rechten verletzt, § 113 I S.1 VwGO.

Ein Sachurteil ergeht allerdings nur dann, wenn die Zulässigkeitsvoraussetzungen (auch Sachurteilsvoraussetzungen genannt) vorliegen (umseitig I und II). Welche Zulässigkeitsvoraussetzungen bestehen, regelt die VwGO für alle verwaltungsgerichtlichen Klagearten. Nur wenn diese Voraussetzungen erfüllt sind, sollen und dürfen die Verwaltungsgerichte eine Entscheidung in der Sache treffen.

Die §§ 17, 17a GVG gelten über § 173 VwGO auch für die Verwaltungsgerichtsbarkeit. Gem. § 17a II GVG kann eine Klageerhebung bei einem Gericht des unzuständigen Rechtswegs nun nicht mehr zur Unzulässigkeit der Klage führen, da jetzt von Amts wegen an das zuständige Gericht des zulässigen Rechtswegs verwiesen wird. Für Ihre Klausur hat das zur Folge, dass schon im Aufbau zwischen Zulässigkeit der Klage und Rechtswegeröffnung zu unterscheiden ist. Einstieg in eine verwaltungsprozessuale Klausur ist also immer die Prüfung der Eröffnung des Verwaltungsrechtswegs gem. § 40 I S.1 VwGO. Gem. § 83 VwGO gilt dies auch für die örtliche und sachliche Zuständigkeit, so dass Sie in einer Klausur diese Frage nach der Eröffnung des Verwaltungsrechtswegs vor der „eigentlichen“ Zulässigkeit der Klage prüfen können. So können Rechtsweg und Zuständigkeit unter „Entscheidungskompetenz des Gerichts“ zusammengefasst werden. Ein weiterer denkbarer Aufbau ist es, die Punkte I (Rechtsweg) und II (Zulässigkeit) unter „Sachurteilsvoraussetzungen“ zusammenzufassen.

§ 40 I VwGO bei der Anfechtungsklage

1. Aufdrängende Sonderzuweisung?

⇨ z.B. § 126 I BBG, Zuständigkeit des VG dadurch schon begründet, § 40 I VwGO nicht anwendbar!

↓

2. Öffentlich-rechtliche Streitigkeit?

A. Streitgegenstand (Was will der Kläger? Auf welcher Grundlage[Lebenssachverhalt])?

B. Regierende Norm

C. Qualifikation der Norm als öffentl.-rechtl. (Interessens-, Subordinations-, modifizierte Subjektstheorie)

⇨ Probleme bei: Realakten, Unterlassen u. Widerruf von Äußerungen, Anstaltsnutzung, Hausverbot, Subventionsfällen, Verwaltungsprivatrecht

↓

3. Nichtverfassungsrechtlicher Art

⇨ keine doppelte Verfassungsunmittelbarkeit (zwei Verfassungsorgane streiten über Verfassungsrecht)

↓

4. Keine abdrängende Sonderzuweisung gem. § 40 I S.1, HS.2, II VwGO

⇨ an anderes Gericht: z.B. Art. 14 III S.4 GG, § 40 II VwGO, § 49 VI S.3 VwVfG, § 21 VI BImSchG, § 23 EGGVG

⇨ an besonderes VG: §§ 33 FGO, 51 SGG

HEMMER-METHODE zu ÜK 3

Die Eröffnung des Verwaltungsrechtswegs kann regelmäßig mit einer Standardformulierung bejaht werden. Beachten Sie aber, dass § 40 I S.1 VwGO schon gar nicht zur Anwendung kommt, wenn sich die Zuständigkeit des VG aus einer speziellen Rechtsnorm (aufdrängende Sonderzuweisung) ergibt.

Vor allem bei Regierungsakten und Gnadenakten wird diskutiert, ob für eine Streitigkeit überhaupt ein Rechtsweg offen steht („justizfreie Hoheitsakte"). Die gerichtliche Überprüfbarkeit kann aber mit Hinweis auf Art. 19 IV S.1 GG grds. eher großzügig bejaht werden.

Ob eine öffentlich-rechtliche Streitigkeit vorliegt, ist in dem umseitig dargestellten Dreierschritt zu klären. Dabei ist die exakte Festlegung des Streitgegenstands vom klägerischen Begehren ausgehend besonders wichtig. Das Auffinden der regierenden Norm kann v.a. dann Probleme aufwerfen, wenn sowohl privatrechtliche als auch öffentlich-rechtliche Normen streitentscheidend sein können. Hier hilft oft die Zwei-Stufen-Theorie weiter (VerwR I, Rn. 31 ff. zu den Subventionsfällen) bzw. ein Abstellen auf den Sachzusammenhang bei Realakten. Die Qualifikation der gefundenen Norm als öffentlich-rechtlich nach den bekannten Theorien sollte dagegen i.d.R. knapp abgehandelt werden.

Schließlich ist noch die Rechtswegzuweisung durch richterliche Entscheidung gem. §§ 17a, b GVG möglich. Vgl. auch § 17a II S.3 GVG!

Der VA-Begriff gem. § 35 VwVfG

1. Maßnahme einer Behörde
⇨ **nicht:** Akte der Gesetzgebung (aber: Untersuchungsausschuss!), Rechtsprechung, Regierung, Privatperson (aber: Beliehener)

↓

2. auf dem Gebiet d. öffentl. Rechts
⇨ **nicht:** privatrechtliches Handeln (Verweisung nach oben, da schon i.R.d. Verwaltungsrechtswegeröffnung geklärt!)

↓

3. zur Regelung
⇨ auf einseitige Setzung einer Rechtsfolge gerichtet
⇨ **Achtung:** <u>Realakte: VA</u> (-), wenn nur auf tatsächl. Erfolg gerichtet, aber (+), wenn konkludente Duldungsan-/verordnung; (+) bei <u>Zweitbescheid</u>, grds. (-) bei <u>wiederholender Verfügung</u>, aber (+), wenn konkludente Ablehnung einer neuen inhaltlichen Prüfung); Vorsicht auch bei <u>gesetzeskonkretisierendem</u> VA, negativen Feststellungen, <u>vorbereitenden Maßnahmen</u>

↓

4. eines Einzelfalles
⇨ d.h. konkret-individuell oder abstrakt-individuell oder konkret-generell (= Allgemeinverfügung, § 35 S.2 VwVfG), **nicht:** abstrakt-generell (= Rechtsnorm!)

↓

5. mit Außenwirkung
⇨ Regelung muss auf Eingreifen in anderen Rechtskreis gerichtet sein, **nicht:** Behördeninternum (innerdienstl. Weisung), Rechtsaufsicht ggü. Gemeinde (+), Fachaufsicht ggü. Gemeinde (str.), Sonderstatusverhältnis: Amtsstellung betroffen (-), persönl. Stellung betroffen (+)
Problem: kommunalverfassungsrechtliche Streitigkeit

Die statthafte Klageart wird durch das Klagebegehren und den Klagegegenstand bestimmt. Die Anfechtungsklage ist dann statthaft, wenn der Kläger die verwaltungsgerichtliche Aufhebung eines bereits erlassenen VA, der sich noch nicht gem. § 43 II VwVfG erledigt hat (vgl. dazu VerwR I, Rn. 112, dann FFK gem. § 113 I S.4 VwGO), erstrebt.

§ 35 VwVfG enthält die Legaldefinition des VA. In § 35 S.2 VwVfG geht es um den Sonderfall der Allgemeinverfügung (VA, bei dem nur das Merkmal der Einzelfallbezogenheit modifiziert ist ⇨ also eine konkret-generelle Regelung, näher dazu VerwR I, Rn. 80 - 85).

Die Anfechtungsklage steht nur gegen VAe offen, der VA wirkt also klageartbestimmend. Rechtsschutzeröffnende Funktion hat er aber seit dem Inkrafttreten der VwGO nur noch insoweit, als er das Widerspruchsverfahren eröffnet; der Adressat eines Nicht-VA hat nun die Möglichkeit der allgemeinen Leistungsklage bzw. der allgemeinen Feststellungsklage.

Für die Qualifikation behördlichen Handelns ist in erster Linie auf die äußere Form abzustellen, was sich v.a. mit dem Gebot effektiver Rechtsschutzmöglichkeiten begründen lässt. Entscheidend ist, wie sich der objektiv erkennbare Wille der Behörde einem verständigen Empfänger darstellt. Auf den Inhalt der Maßnahme brauchen Sie eigentlich nur dann einzugehen, wenn die Maßnahme der Form nach mehrdeutig ist oder eindeutige äußere Merkmale fehlen. In der Klausur kann es aber opportun sein, erst nach der Subsumtion des § 35 VwVfG das äußere Erscheinungsbild als zusätzliches Argument nachzuschieben! Zu Problemfällen siehe umseitig und VerwR I, Rn. 60-100.

Sonderfälle der Anfechtungsklage

Anfechtung von Rücknahme-/ Widerrufs-VAen

⇨ **(+):** Anfechtung des Aufhebungs-VA ist ggü. Verpflichtungsklage einfacherer Weg. Bei erfolgreicher Klage lebt ursprüngliche Vergünstigung gem. § 43 II VwVfG wieder auf (vgl. dazu auch ÜK 19 und 20)

isolierte Anfechtung d. Versagungsbescheids

⇨ **grds. (-):** Rechtsschutzbedürfnis fehlt, Verpflichtungsklage, außer: VA im Moment nicht begehrt und Ablehnung soll nicht bestandskräftig werden, z.T. auch bei Ermessens-VAen

isolierte Anfechtung d. Widerspruchsbescheids

⇨ **(+) bei:**
§ 79 I Nr.2 VwGO, bei
§ 79 II S.1 VwGO (v.a. reformatio in peius),
§ 79 II S.2 VwGO

Anfechtung von nichtigem VA

⇨ **(+):** zumindest Anschein eines VA, damit belastende Wirkung

Anfechtung von Nicht-Akt

⇨ h.M. (-), **da jeder Rechtsschein fehlt**

isolierte Anfechtung von Nebenbestimmungen (vgl. dazu auch ÜK 17 u. 18)

⇨ (+) **bei echten Nebenbest. (außer mod. Auflagen)**
⇨ (-), **wenn offensichtlich keine materielle Teilbarkeit**

Ist jemand im Besitz einer durch VA erteilten Begünstigung, die ihm durch Aufhebungs-VA wieder genommen wird, so kommt nach dem klägerischen Begehren (ursprüngliche Begünstigung) zunächst eine Verpflichtungsklage in Betracht. Weil aber nach „Aufhebung der Aufhebung" durch erfolgreiche Anfechtungsklage die ursprüngliche Begünstigung wieder auflebt, wird so schon das klägerische Ziel erreicht. Einer Verpflichtungsklage auf Neuerteilung der einmal innegehabten Vergünstigung fehlt das Rechtsschutzbedürfnis. Hier wird deutlich, dass es sinnvoll sein kann, die Frage des Rechtsschutzbedürfnisses mit der Frage nach der Statthaftigkeit der Klage zu verbinden. Das ist auch beim Problem der isolierten Anfechtbarkeit der Versagung der Fall: Hier ermöglicht die Verpflichtungsklage weitergehenden Rechtsschutz, für die bloße Anfechtung der Versagung fehlt i.d.R. das Rechtsschutzbedürfnis.

In den Fällen des § 79 I Nr.2 und II VwGO besteht die Möglichkeit der isolierten Anfechtung von Abhilfebescheid oder Widerspruchsbescheid. Dazu und insbesondere zu § 79 II S.2 VwGO vgl. VerwR I, Rn. 105 - 111.

Sollte sich die gewählte Klageart als unzulässig herausstellen, so ist davon auszugehen, dass der Kläger nach Hinweis des Richters, der gem. § 86 III VwGO auf sachdienliche Anträge hinwirken muss, seine Klage umstellt. Davon zu unterscheiden ist die Möglichkeit der Auslegung des Klageantrags gem. § 88 VwGO.

Zulässigkeit der Anfechtungsklage: Klagebefugnis

Kläger ist Adressat von belastendem VA

§ 42 II VwGO (+), da jedenfalls aufgrund der Adressatenstellung („Adressatentheorie“) die Verletzung von Rechten aus Art. 2 I GG möglich ist („Möglichkeitstheorie“)

Drittanfechtung

Klagebefugnis problematisch, da Adressatenstellung fehlt; nur (+) wenn:

1. öffentl.-rechtl. Norm

Aus welcher öffentl.-rechtl. Norm könnte sich subj. Abwehrrecht des Klägers ergeben?

2. mit Drittschutzcharakter

Dient Norm möglicherweise auch Individualinteressen konkreter Dritter? (Schutznormtheorie) vgl. Wortlaut, Auslegung. Nicht: Rein obj.-rechtl. Norm

3. zugunsten des Klägers

Dient Norm gerade dem Schutz des Klägers (Schutzbereiche)?

Durch § 42 II VwGO sollen Popularklagen, mit denen der Kläger sich zum Sachwalter der Interessen der Allgemeinheit macht, verhindert werden. Die Anfechtungsklage ist also nur zulässig, wenn der Kläger geltend macht, in seinen Rechten (nicht: Rechte Dritter ⇨ § 42 II VwGO verbietet damit grds. eine gewillkürte Prozessstandschaft!) verletzt zu sein. Im Rahmen der Zulässigkeit der Klage genügt es nach h.M., wenn sich zumindest die Möglichkeit einer eigenen Rechtsverletzung aus dem klägerischen Vortrag ergibt. Ob eine Rechtsverletzung dann tatsächlich vorliegt, ist selbstverständlich eine Frage der Begründetheit.

Beim Adressaten eines ihn belastenden VA ist eine Rechtsverletzung - zumindest in der allgemeinen Handlungsfreiheit gem. Art. 2 I GG - immer möglich. Spezielle (einschlägige) Grundrechte müssen natürlich zitiert werden.

Erhebt ein Dritter (= Nicht-Adressat) Anfechtungsklage, so ist seine Klagebefugnis im umseitig dargestellten Dreierschritt zu prüfen. Eine klagefähige Position ergibt sich nur, wenn er sich möglicherweise im Schutzbereich einer drittschützenden Norm befindet, die der VA verletzt. Ist der drittschützende Charakter der Norm Klausurschwerpunkt, so sollte die ausführliche Prüfung in die Begründetheit (Rechtsverletzung) verlegt werden (vgl. ÜK 16).

Problemfälle im Bereich der Klagebefugnis sind etwa die Drittanfechtung von Genehmigungen im Baurecht, BImSchG (Nachbarbegriff!), Konkurrentenklagen, Verbandsklagen, „erkaufte Klagebefugnis“, Klagebefugnis aus Verletzung von Verfahrensvorschriften, vgl. dazu VerwR I, Rn. 116, 125 - 145.

Zulässigkeit der Anfechtungsklage: Vorverfahren

I. Grundsatz

⇨ § 68 I S.1 VwGO: Vor Anfechtungsklage ist Vorverfahren durchzuführen.

II. Ausnahmen
⇨ ausnahmsweise ist das Vorverfahren entbehrlich

§ 68 I S.2, HS.1 VwGO

z.B. § 74 I S.2 i.V.m. § 70 VwVfG, § 75 S.1 2.Alt. VwGO,
landesrechtliche Bestimmungen, z.B. Art. 15 BayAGVwGO

§ 68 I S.2 Nr.1, 2 VwGO

- Ausnahme zu Nr.1: § 126 II BBG
- Nr.2 erstmalige Beschwer durch Abhilfe- oder Widerspruchsbescheid

ungeregelte Ausnahmen

- erfolgloser Widerspruch (WS) gg. früheren VA, den neuer VA nur ändert, ersetzt, wiederholt
- erfolgloser WS eines Dritten in selber Sache
- sachliche Einlassung der WS-Behörde auf Klage („Herrin des Vorverfahrens")
- ablehnende Entscheidung vorhersehbar
- VA erledigt sich während WS-Frist vor Klageerhebung (⇨ dann FFK, § 113 I S.4 VwGO; str.)

Zulässigkeitsvoraussetzung für eine Anfechtungsklage ist gem. § 68 I S.1 VwGO grds. die erfolglose Durchführung eines Vorverfahrens. Ausnahmsweise ist dieses aber gem. § 68 I S.2 VwGO entbehrlich. Soweit es danach eines Vorverfahrens nicht bedarf, ist es auch nicht zulässig. Außerdem sind weitere gesetzlich nicht geregelte Fälle anerkannt, in denen das Vorverfahren zwar entbehrlich, aber nicht unzulässig ist (siehe umseitig). Hier ist entweder der Zweck des Vorverfahrens schon erreicht oder kann offensichtlich nicht mehr erreicht werden. Zu den im Einzelnen umstrittenen Fallgruppen vgl. VerwR I, Rn. 171 - 177.

Bei § 68 I S.2, HS.1 VwGO ist noch zu beachten, dass die Vorschrift insbesondere Bedeutung für einen Ausschluss des Vorverfahrens durch Landesgesetz hat (z.B. Art. 15 (Bay)AGVwGO). Der Bundesgesetzgeber kann ja ohnehin durch spätere Gesetze von § 68 I S.1 VwGO abweichen. In Bayern und einigen anderen Bundesländern wurde das Vorverfahren über diese Öffnungsklausel für Verwaltungsakte, die von Landesbehörden erlassen wurden, weitgehend abgeschafft.

Trotz § 68 I S.2 Nr.1 VwGO ist ein Vorverfahren durchzuführen, wenn dies zwingend gesetzlich vorgeschrieben ist (z.B. § 126 II BBG). § 68 I S.2 Nr.2 VwGO gilt nach seinem eindeutigen Wortlaut auch bei Abhilfebescheiden, d.h. es kann ohne Widerspruchseinlegung sofort Klage erhoben werden. Im Zusammenhang mit dieser Vorschrift ist § 71 VwGO zu sehen, wonach der im Abhilfe- oder Widerspruchsbescheid erstmalig Beschwerte vor Erlass dieses Bescheides anzuhören ist.

Ordnungsgemäße Durchführung des Vorverfahrens

1. Erforderliches Vorverfahren

⇨ grds. (+), vgl. ÜK 7

2. ordnungsgemäß eingeleitet

⇨ Widerspruch (Abgrenzung zu den formlosen Rechtsbehelfen, Auslegung)

⇨ **formgerecht** gem. § 70 I S.1 VwGO (schriftlich oder zur Niederschrift)

⇨ **fristgerecht** gem. § 70 I S.1 VwGO (Fristberechnung gem. § 57 II VwGO i.V.m. § 222 I ZPO i.V.m. §§ 187 ff. BGB oder § 79 i.V.m. § 31 I VwVfG und §§ 187 ff. BGB) eingelegt

⇨ Problemfälle der ordnungsgemäßen Durchführung: Entscheidung der Widerspruchsbehörde über verfristeten Widerspruch (str., nach BVerwG Klage zulässig; Vorsicht aber bei schutzwürdiger Position Dritter aufgrund Bestandskraft!); Fehler im Widerspruchsverfahren, die nicht dem Widerspruchsführer zugerechnet werden können, berühren grds. nicht Zulässigkeit der Klage (vgl. auch § 79 II S.2 VwGO)

3. erfolglos durchgeführt?

⇨ d.h. der Widerspruch wird zurückgewiesen

⇨ über Widerspruch wird in angemessener Frist nicht entschieden, vgl. § 75 S.1 (1.Alt.) VwGO

Bei der Frage nach der ordnungsgemäßen Einlegung eines Widerspruchs müssen Sie in der Klausur u.U. erst klären, ob das Verhalten des Klägers - in Abgrenzung zu den formlosen Rechtsbehelfen (ÜK 1) - als Widerspruch zu qualifizieren ist. Im Zweifelsfall wird dies zu bejahen sein, da nur der Widerspruch Suspensiveffekt entfaltet (§ 80 I S.1 VwGO) und er erforderlich ist, um eine spätere Überprüfung des VA durch die Verwaltungsgerichte offen zu halten.

Der Streit um die bei der Fristberechnung anzuwendenden Vorschriften (siehe umseitig) rührt daher, dass das Widerspruchsverfahren ein Verwaltungsverfahren ist. Daraus ergibt sich die Frage, inwieweit das VwVfG Anwendung finden kann. Dieser Streit ist für das Ergebnis irrelevant, da beide Ansichten für die Fristberechnung letztlich bei den §§ 187 ff. BGB „landen“. In der Klausur genügt also ein kurzer Hinweis auf den Streit.

Die Monatsfrist beginnt mit der ordnungsgemäßen Bekanntgabe des VA (§ 41 VwVfG, beachten Sie aber auch Zustellungserfordernisse und die Möglichkeit der öffentlichen Bekanntgabe; bei mehreren Adressaten vgl. VerwR I, Rn. 184, 186). Bei fehlender oder unrichtiger Rechtsbehelfsbelehrung läuft die Jahresfrist gem. §§ 70 II, 58 II VwGO. Auch die Widerspruchseinlegung bei der unzuständigen Behörde kann zu Fristproblemen führen (VerwR I, Rn. 191 f.). Vgl. aber bei schuldloser Fristversäumung die Möglichkeit der Wiedereinsetzung in den vorigen Stand, §§ 70 II, 60 I - IV VwGO.

Weitere Zulässigkeitsvoraussetzungen der Anfechtungsklage

I. Klagefrist	⇨ **§ 74 I VwGO:** Fristdauer 1 Monat (**aber:** § 58 II VwGO); **Fristbeginn** mit ordnungsgemäßer Zustellung des Widerspruchsbescheids gem. §§ 73 III S.1, 2 VwGO i.V.m. BundesVwZG bzw. Bekanntgabe des VA, **Fristberechnung:** §§ 57 II VwGO, 222 I ZPO, 187 ff. BGB (Ereignisfrist)
II. Ordnungsgem. Klageerhebung	⇨ **§§ 81, 82 VwGO:** Schriftform gem. § 81 I S.1 VwGO (bei VG gem. § 81 I S.2 VwGO auch zur Niederschrift), eigenhändige Unterschrift des Klägers bzw. Bevollmächtigten (h.M.: nach Ende der Klagefrist nicht mehr nachholbar ⇨ § 82 II S.1 VwGO gilt nicht)
III. Beteiligtenfähigkeit	⇨ **§ 61 VwGO:** prozessuales Gegenstück zur Rechtsfähigkeit; bezieht sich auf die Beteiligten i.S.d. § 63 VwGO, Bsp. für § 61 Nr.2 VwGO: KG, OHG, Parteien (auch deren Ortsverbände) str. wg. §§ 124 HGB, 3 PartG ⇨ § 61 Nr.1 VwGO, § 61 Nr.3 VwGO in Bayern ohne Bedeutung
IV. Prozessfähigkeit	⇨ **§ 62 VwGO:** Fähigkeit, Verfahrenshandlungen selbst vorzunehmen oder durch selbst bestimmten Prozessbevollmächtigten vornehmen zu lassen.
V. Gerichtszuständigkeit	⇨ **sachliche Zuständigkeit der VGe im 1. Rechtszug: § 45 VwGO**, Ausnahmen: §§ 47, 48 VwGO ⇨ OVG bzw. VGH, § 50 VwGO ⇨ BVerwG; ⇨ **örtliche Zuständigkeit: § 52 VwGO;** Prüfreihenfolge: Nr.1 ⇨ 4 ⇨ 2 ⇨ 3 ⇨ 5, da die Gerichtsstände sich gegenseitig ausschließen (die Gerichtszuständigkeit kann wegen § 83 VwGO vor der Zulässigkeit geprüft werden).
VI. Allg. Rechtsschutzbedürfnis	⇨ v.a. (-), wenn angestrebter Erfolg einfacher, schneller und/oder billiger erreicht werden kann.

Klageart, Klagebefugnis, Vorverfahren und Klagefrist sind immer zu prüfen. Die weiteren umseitig dargestellten Zulässigkeitsvoraussetzungen sollten in der Klausur nur angesprochen werden, wenn die Problematik im Sachverhalt darauf angelegt ist.

Für eine ordnungsgemäße Klageerhebung reicht auch die Klageerhebung durch Telefax aus, wenn das Original unterschrieben ist, vgl. § 173 VwGO i.V.m. § 130 Nr.6 ZPO. Im Fall eines sog. PC-Fax verzichtet die höchstrichterliche Rspr. sogar auf dieses Erfordernis, wobei auch hier auf den Wortlaut des § 130 Nr.6 ZPO abgestellt werden kann. Telefonische „Klageeinreichung" ist aber nur bei §§ 47 VI, 80 V und 123 VwGO ausnahmsweise möglich.

Für die Prozessfähigkeit von beschränkt Geschäftsfähigen reicht ausnahmsweise - soweit die Ausübung von Grundrechten betroffen ist - die sog. Grundrechtsmündigkeit aus, d.h. die erforderliche Reife, das Grundrecht eigenverantwortlich wahrzunehmen. Prozessunfähige natürliche Personen werden durch ihre gesetzlichen Vertreter vertreten. Zur Vertretung des Freistaats Bayern vgl. § 3 LABV (bzw. entspr. Normen anderer Bundesländer).

Die Ermittlung des richtigen Beklagten wird nach dem hier vertretenen Aufbau i.R.d. Begründetheit der Klage vorgenommen (ÜK 11). Die dortigen Ausführungen gelten entsprechend, wenn der „Klagegegner" i.R.d. Zulässigkeit geprüft wird.

Das Fehlen einer rechtskräftigen Entscheidung in der gleichen Sache stellt nach der überwiegenden Meinung keine Sachentscheidungsvoraussetzung einer neuen Klage dar (VerwR I, Rn. 234 - 236).

Zu weiteren Fallgruppen des fehlenden Rechtsschutzbedürfnisses (v.a. § 44a VwGO) vgl. VerwR I, Rn. 238 - 247.

Probleme zwischen Zulässigkeit und Begründetheit

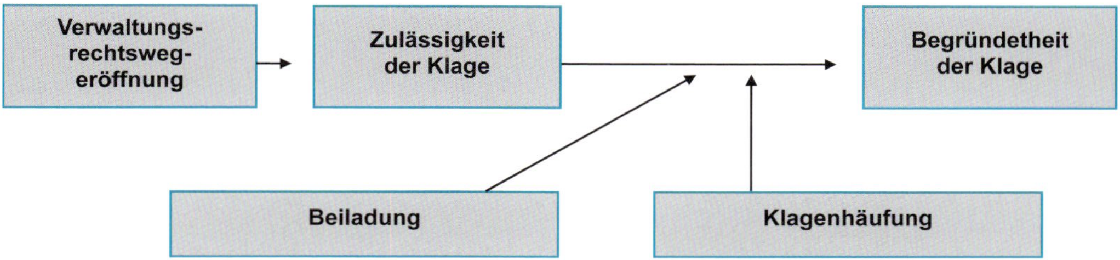

Beiladung

1) **einfache Beiladung** gem. **§ 65 I VwGO**, wenn rechtl. Interessen eines Dritten durch den Ausgang des Verfahrens berührt werden
2) **notwendige Beiladung** gem. **§ 65 II VwGO**, wenn die Entscheidung auch dem Dritten gegenüber nur einheitlich ergehen kann

Klagenhäufung

1) **objektive Klagenhäufung** gem. **§ 44 VwGO**, wenn Vorauss. (+), Entscheidung über mehrere Klagebegehren in einem Verfahren möglich (vgl. § 93 S.1 VwGO); wenn Vorauss. (-), Trennung der Verfahren gem. § 93 S.2 VwGO
2) **subjektive Klagenhäufung** bzw. Streitgenossenschaft gem. § 64 VwGO i.V.m. §§ 59 ff. ZPO, wenn in einem Prozess auf einer Seite mehrere Personen auftreten

Beiladung und Klagenhäufung sind in der Fallbearbeitung zwischen Zulässigkeit und Begründetheit anzusprechen, da es sich dabei weder um Zulässigkeitsvoraussetzungen noch um einen Teil der Begründetheitsprüfung der verwaltungsgerichtlichen Klage handelt. Vielmehr handelt es sich allein um prozessuale Erleichterungen.

Durch die Beiladung wird Dritten die Möglichkeit gegeben, ihre rechtlichen Interessen in einem fremden gerichtlichen Verfahren zu wahren. Auf die Beigeladenen, die gem. § 63 Nr.3 VwGO Beteiligte sind, erstreckt sich gem. § 121 Nr.1 VwGO die Rechtskraft. So soll verhindert werden, dass über dieselbe Sache mehrere Prozesse geführt werden müssen. Die einfache Beiladung steht im Ermessen des Gerichts. Anders ist es bei der notwendigen Beiladung, wenn der Dritte am streitigen Rechtsverhältnis beteiligt ist und durch die Entscheidung in seinen subjektiv öffentlichen Rechten beeinträchtigt werden kann.

Die objektive Klagenhäufung ermöglicht es, unter den Voraussetzungen des § 44 VwGO mehrere Klagebegehren zu einer Klage zu verbinden (zur Prüfungsreihenfolge in der Klausur vgl. VerwR I, Rn. 250). Sind die Voraussetzungen des § 44 VwGO nicht gegeben, so führt dies nicht zu einer Abweisung der Klagen wegen Unzulässigkeit (vgl. umseitig), sondern lediglich zur Prozesstrennung gem. § 93 S.2 VwGO.

Passivlegitimation/Klagegegner

Wer der richtige Beklagte ist, ergibt sich aus § 78 VwGO. Dabei gilt grundsätzlich das **Rechtsträgerprinzip**, § 78 I Nr.1 VwGO. Nr.2 ist nur anwendbar, wenn das Landesrecht eine entsprechende Norm enthält (in den meisten Bundesländern (-)). Für die Anfechtungsklage ergibt sich daraus:

1. Normalfall

⇨ Rechtsträger der **Ausgangsbehörde** als richtiger Beklagter [Grund: Gem. § 79 I Nr.1 VwGO richtet sich die Anfechtungsklage grds. gg. den ursprünglichen VA i.F.d. Widerspruchsbescheids (WSB)].

2. Problemfälle

⇨ ausnahmsweise ist der Rechtsträger der Ausgangsbehörde nicht der richtige Beklagte:

isolierte Anfechtung d. WSB

- gem. § 78 II bzw. § 79 II S.3 i.V.m. § 78 II VwGO Klage gg. Rechtsträger der WS-Behörde
- bei unzul. Selbsteintritt d. Aufsichtsbeh. ⇨ gg. Rechtsträger der Aufsichtsbehörde

Weisung

Klage gg. Rechtsträger der angewiesenen Behörde, Weisung im Innenverhältnis kann schon wegen Art. 19 IV GG Passivlegitimation nicht ändern

kommunalrechtliche Ersatzvornahme

z.B. in Bayern gem. Art. 113 S.1 BayGO: Aufsichtsbehörde handelt nur an Stelle d. Gemeinde, kein VA der Gemeinde ⇨ Klage gg. Träger der Rechtsaufsichtsbehörde, str.

Die Frage nach dem richtigen Beklagten wird in „norddeutschen“ Bundesländern vorwiegend i.R.d. Zulässigkeit der Klage als „Klagegegner“ geprüft, in „süddeutschen“ Ländern dagegen vorwiegend als „Passivlegitimation“ i.R.d. Begründetheit. Aber unabhängig von der Prüfungsreihenfolge in der Klausur wird der richtige Beklagte gem. § 78 VwGO ermittelt, der nach seiner systematischen Stellung für Anfechtungs- und Verpflichtungsklagen unmittelbar gilt. Das § 78 Nr.1 VwGO zugrunde liegende Rechtsträgerprinzip (Schlagwort, das Sie in der Klausur immer kurz erwähnen sollten!) ist auf alle anderen Klagearten übertragbar. Danach müssen Sie zunächst festlegen, welche Behörde gehandelt hat. In einem zweiten Schritt ermitteln Sie deren Rechtsträger. Im Regelfall der Anfechtungsklage ist dann gem. §§ 79 I Nr.1, 78 I Nr.1 VwGO der Rechtsträger der Ausgangsbehörde richtiger Beklagter.

Vorsicht ist auch beim Landratsamt in Bayern geboten, das wegen seiner Doppelstellung gem. Art. 37 I (Bay)LKrO (und entsprechender Normen anderer Länder) zwei mögliche Rechtsträger hat: Landkreis (wenn LRA Aufgaben des Landkreises erfüllt) bzw. Freistaat Bayern (wenn es staatliche Aufgaben wahrnimmt).

Beachten Sie auch, dass gem. § 78 I Nr.1 HS.2 VwGO die Angabe der Behörde zur Bezeichnung des Beklagten genügt!

Rechtsgrundlage des VA

Rechtsgrundlage des VA → **Formelle Rmk.** → **Materielle Rmk.**

↓

Gesetzmäßigkeit der Verwaltung

Art. 20 III GG: Verwaltung ist an Gesetz und Recht gebunden

↓ **Vorrang des Gesetzes** | ↘ **Vorbehalt des Gesetzes**

Vorrang des Gesetzes

Grds.: Kein Handeln der Verwaltung **gegen** das Gesetz

Problem: Handeln in priv.-rechtl. Formen

- ⇨ bei fiskal. Betätigung gelten GRe nach e.A. mittelbar, nach BVerfG wegen Art. 1 III GG auch hier unmittelbare GR-Bindung
- ⇨ jedenfalls im Verwaltungsprivatrecht direkte GR-Geltung („keine Flucht ins Privat-Recht").

Vorbehalt des Gesetzes

Grds.: Kein Handeln d. Verwaltung **ohne** Gesetz

- ⇨ gilt primär im Bereich d. Eingriffsverwaltung
- ⇨ in Leistungsverwaltung formelles Gesetz als Rechtsgrundlage nur nötig, wenn die Grundrechte Dritter wesentlich betroffen sind! (Bei Subventionen reicht sonst Ansatz im Haushaltsplan + Vergaberichtlinie)
- ⇨ gilt auch i.R.v. Sonderstatusverhältnis
- ⇨ Verwaltungsvorschriften genügen grds. nicht

HEMMER-METHODE zu ÜK 12

Die Anfechtungsklage ist begründet, soweit sie gegen den richtigen Beklagten gerichtet ist (sofern Sie diesen Punkt nicht schon i.R.d. Zulässigkeit geprüft haben, vgl. ÜK 11), der angegriffene VA rechtswidrig und der Kläger dadurch in seinen Rechten verletzt ist, § 113 I S.1 VwGO. Diesen Obersatz sollten Sie - um Ihren Prüfungsaufbau vorzugeben - jeder Begründetheitsprüfung einer Anfechtungsklage voranstellen.
An den Anfang der Rechtmäßigkeitsprüfung des angefochtenen VA gehört die Angabe der möglichen Rechtsgrundlage unter Verweisung auf Art. 20 III GG. Denn auch die Prüfung der formellen Rechtmäßigkeit eines VA ist immer im Hinblick auf eine bestimmte Rechtsgrundlage vorzunehmen. Grund: Der Rechtsgrundlage können bestimmte formelle Voraussetzungen (insb. Zuständigkeiten) entnommen werden.

Vorrang und Vorbehalt des Gesetzes sind Konkretisierungen des aus Art. 20 III GG hergeleiteten Prinzips der Gesetzmäßigkeit der Verwaltung. Beachten Sie bei der Ermittlung der Rechtsgrundlage stets, dass spezielle Regelungen den allgemeinen vorgehen (§ 1 I VwVfG).

Ausnahmsweise kann der Verwaltung einmal die grds. in jeder Rechtsgrundlage enthaltene VA-Befugnis fehlen, wenn die Behörde dem Bürger gleichgeordnet ist (rein privatrechtliches oder öffentlich-rechtliches Gleichordnungsverhältnis, z.B. beim öffentlich-rechtlichen Vertrag), vgl. dazu VerwR I, Rn. 287 -292!

Formelle Rechtmäßigkeit des VA

I. Zuständigkeit

⇨ **Örtliche Zuständigkeit** gem. § 3 VwVfG (wenn Spezialgesetze fehlen); wenn (-), greift u.U. § 46 VwVfG ein
aber: bei Verstoß gegen § 3 I Nr.1 VwVfG Nichtigkeit des VA gem. § 44 II Nr.3 VwVfG (beachten Sie aber auch § 44 III Nr.1 VwVfG).

⇨ **Sachliche Zuständigkeit** (Verbandskompetenz, Organkompetenz), wenn (-) VA rw, u.U. gem. § 44 I VwVfG nichtig, § 46 VwVfG nicht anwendbar (Wortlaut)

II. Verfahren

⇨ vgl. §§ 9 ff. VwVfG, klausurrelevant v.a.

- **§§ 20, 21 VwVfG** (zuerst § 20 VwVfG prüfen, der die Sanktion von Gesetzes wegen trifft); vgl. §§ 44 III Nr.2, 46 VwVfG bei Verstoß gegen § 20 I S.1 Nr.2-6 VwVfG; vgl. § 44a VwGO bzgl. der Entscheidung des Behördenleiters im Fall d. § 21 VwVfG.
- **§ 28 VwVfG** (bei fehlender Anhörung i.S.d. § 28 I VwVfG zuerst Entbehrlichkeit gem. § 28 II, III VwVfG prüfen; wenn (-), Heilung gem. § 45 I Nr.3 VwVfG; wenn auch keine Heilung, greift evtl. § 46 VwVfG ein (vgl. auch §§ 45 III i.V.m. 32 VwVfG)

III. Form

⇨ grds. keine best. Form bei Erlass eines VA gem. § 37 II VwVfG (außer Spezialregelung)

⇨ bei schriftlichem oder elektronischem VA aber Begründungspflicht gem. **§ 39 VwVfG**, wenn (-), evtl. §§ 45 I Nr.2, 46 VwVfG; auch § 45 III i.V.m. § 32 VwVfG; auf die Richtigkeit der Begründung kommt es hier nicht an! Abzugrenzen vom Nachschieben von Gründen! (ÜK 15)

I.R.d. formellen Rechtmäßigkeit des angefochtenen VA sind Zuständigkeit, Verfahren und Form beim VA-Erlass zu prüfen. Die Intensität der Prüfung in der Klausur richtet sich danach, inwiefern diese Punkte im Sachverhalt angesprochen werden.

Bei der Ermittlung der sachlichen Zuständigkeit müssen Sie beachten, dass die Bundesgesetze wegen Art. 83 f. GG oft nur Funktionsbezeichnungen der zuständigen Behörde enthalten. Dann bestimmen die Ländergesetze, welche Behörde im Verwaltungsaufbau zuständig ist. Zu Problemfällen i.R.d. Zuständigkeit vgl. VerwR I, Rn. 298 - 303.

Die Heilung des Verfahrensfehlers einer unterbliebenen notwendigen Anhörung gem. § 45 I Nr.3 VwVfG tritt nach h.M. ohne weiteres mit der Durchführung des Widerspruchsverfahrens ein, soweit die nachgeholte Anhörung qualitativ gleichwertig zur unterbliebenen ist. Die zeitliche Grenze für die Heilung von Verfahrensfehlern durch die Behörde wurde durch die Neufassung des § 45 II VwVfG erweitert.

Von den Formfehlern abzugrenzen sind der Verstoß gegen § 37 I VwVfG (Unbestimmtheit führt zur materiellen Rechtswidrigkeit des VA) und die ordnungsgemäße Bekanntgabe des VA (Wirksamkeitserfordernis! Kann aber i.R.d. formellen Rechtmäßigkeit geprüft werden). Der Formfehler der fehlenden Rechtsbehelfsbelehrung, vgl. bei Bundesbehörden § 37 VI VwVfG, ist schon i.R.d. Zulässigkeit der Klage zu prüfen, vgl. § 58 II VwGO.
Zu § 46 VwVfG vgl. ÜK 16!
Zur Nichtigkeit von VAen vgl. VerwR I, Rn. 325 - 334.

Materielle Rechtmäßigkeit des VA

1. Rechtsgrundlage

↓

2. Wirksamkeit der Rechtsgrundlage (evtl. „verschachtelte Inzidentprüfung“ nötig)

↓

3. Subsumtion unter Rechtsgrundlage

↙ ↘

Tatbestandsseite

⇨ bes. Bedeutung der **unbestimmten Rechtsbegriffe** i.R.d. Subsumtion:

- Grenze der Zulässigkeit: verf.-rechtl. Bestimmtheitsgebot ⇨ Inhalt, Zweck, Ausmaß für Bürger erkennbar?
- Grundsatz: volle Überprüfbarkeit durch Gericht, Art. 19 IV S.1 GG
- Ausnahmen: Beurteilungsspielraum d. Verwaltung (Prüfungsentscheidungen, Beurteilung von Eigenschaften einer Person, pluralistisch zusammengesetzte Gremien, Prognoseentscheidungen)
- aber: Einschränkung d. Beurteilungsspielraums durch gerichtl. Nachprüfung auf Beurteilungsfehler (Arg.: Grundrechte)

Rechtsfolgenseite

⇨ bei **Ermessensspielraum** der Verwaltung („kann“, „darf“) nur eingeschränkte gerichtliche Überprüfbarkeit gem. § 114 S.1 VwGO (nur Rechtmäßigkeits- und keine Zweckmäßigkeitsprüfung) auf Ermessensfehler, d.h. **Ermessensüberschreitung** (auch: Verstoß des VA gegen Grundrechte) oder **Ermessensfehlgebrauch** (-unterschreitung, -nichtgebrauch, Heranziehungsdefizit, -überhang, Abwägungsdefizit). Anders z.B. bei Überprüfung durch Widerspruchs–behörde, vgl. § 68 I S.1 VwGO, § 40 VwVfG (aber auch z.B. Art. 119 Nr.1 [Bay]GO).

Wenn Sie den angefochtenen VA auf seine materielle Rechtmäßigkeit überprüfen, stellen Sie die bereits ermittelte Rechtsgrundlage des VA voran. Aus dem Sachverhalt können sich - insbesondere bei Rechtsverordnungen oder Satzungen - auch einmal Zweifel bzgl. der Wirksamkeit der Rechtsgrundlage selbst ergeben. Ihre Rechtmäßigkeit ist dann hier (vor dem VA selbst!) zu prüfen. Beachten Sie bei formellen, nachkonstitutionellen Gesetzen auch Art. 100 I GG. Ist die Norm, auf welcher der VA beruht, rechtswidrig und damit nichtig, so ist der VA rechtswidrig, aber grds. wirksam bis zu seiner Aufhebung.

Schließlich ist die einschlägige (wirksame!) Rechtsgrundlage exakt zu subsumieren. Grundsätzlich können die Gerichte das tatbestandliche Vorliegen der Norm vollständig überprüfen. Das gilt auch bei unbestimmten Rechtsbegriffen, die aufgrund der Vielgestaltigkeit der Lebenssachverhalte erforderlich sind. Vgl. aber die Vorderseite zu den ausnahmsweise anerkannten Beurteilungsspielräumen. Doch auch in diesen Fällen ist eine gerichtliche Nachprüfung auf Beurteilungsfehler möglich, jedoch beschränkt auf wesentliche Fehler, wie etwa der Verstoß gegen zwingende Verfahrensvorschriften (VerwR I, Rn. 347).

Bei Ermessensnormen wird der Behörde auf der Rechtsfolgenseite ein Spielraum für eigene Zweckmäßigkeitserwägungen eingeräumt (zu Mischtatbeständen VerwR I, Rn. 359 f.). Deshalb können Gerichte Ermessensentscheidungen nur eingeschränkt überprüfen. Ermessensfehler (vgl. umseitig) führen zur Aufhebung des VA. Das Gericht trifft aber keine eigene Ermessensentscheidung. Die Behörde kann auch einen gleichlautenden neuen VA erlassen, wenn sie das bei nunmehr ermessensfehlerfreier Prüfung für zweckmäßig hält. Ausnahmsweise kann das Ermessen auf Null reduziert sein (VerwR I, Rn. 371 - 373); dann liegt eine gebundene Entscheidung vor. Von Ermessensentscheidungen sind Planungsentscheidungen, bei denen eine Abwägung stattfindet, zu unterscheiden (VerwR I, Rn. 361, 380 - 388).

Maßgeblicher Zeitpunkt für Beurteilung der Rechtmäßigkeit des VA

Maßgeblicher Zeitpunkt

1. Grundsatz

⇨ bei Anfechtungsklage maßgeblicher Zeitpunkt für Beurteilung der Rmk. des VA: **letzte Behördenentscheidung** (i.d.R. Erlass des Widerspruchsbescheids), außer materielles Recht ergibt etwas anderes (a.A.: Zeitpunkt d. letzten mündl. Verhandlung wie bei Verpfl.-Klage)

⇨ VA danach rw? wenn rw.

2. Ausnahmen

- VA noch nicht vollzogen
- Dauer-VA
  maßgeblich: **letzte mündliche Verhandlung**
- **aber:** Gewerbeuntersagung gem. § 35 GewO: zwar Dauer-VA, aber nach BVerwG letzte Behördenentscheidung maßgeblich wegen **§ 35 VI GewO** (a.A. Lit.)

Nachschieben von Gründen

⇨ VA rm., wenn nachgeschobene Gründe berücksichtigt werden?
Ergänzen von Gründen gem. § 114 S.2 VwGO auch bei Ermessensentscheidungen grds. zulässig

Zu Beginn der materiellen Prüfung des VA müssen Sie sich darüber im Klaren sein, auf welchen Zeitpunkt bei der Beurteilung der Sach- und Rechtslage abzustellen ist. Entscheidend ist hierbei grds. das materielle Recht. Als Faustregel können Sie sich bei der Anfechtungsklage den Zeitpunkt der letzten Behördenentscheidung merken. Auch die Gegenansicht kommt oftmals zu gleichen Ergebnissen, da beide Auffassungen in sachlich gebotenen Fällen Ausnahmen zulassen. Diese Frage sollten Sie in der Klausur aber nur dann ausdrücklich ansprechen, wenn sich die Sach- oder Rechtslage nach der letzten Behördenentscheidung noch verändert hat!

Nur für den Fall, dass der Zeitpunkt der letzten Behördenentscheidung maßgeblich ist, stellt sich das Problem der Zulässigkeit des Nachschiebens von Gründen. Im anderen Fall (vgl. Ausnahmen umseitig) sind ja ohnehin alle Rechts- und Tatsachenveränderungen bis zur letzten mündlichen Verhandlung zu berücksichtigen, also erst recht Umstände, die schon „von Anfang an“ vorlagen. Die Rechtmäßigkeit des angefochtenen VA kann sich u.U. aus der Berücksichtigung von nachgeschobenen Gründen ergeben. Die Zulässigkeit des Nachschiebens von Gründen folgt zwar nicht aus § 45 II VwVfG, der sich nur auf formelle und nicht auf materielle Begründungsmängel bezieht. Allerdings ergibt sich die Zulässigkeit aus dem Untersuchungsgrundsatz (§ 86 VwGO) und der Prozessökonomie. Dieser Meinungsstreit um die Zulässigkeit des Nachschiebens von Gründen (VerwR I, Rn. 394 - 396) hat sich durch die Neufassung des § 114 S.2 VwGO weitgehend erledigt. Nicht unter § 114 S.2 VwGO fällt lediglich eine völlige Auswechselung der Begründung oder das erstmalige Betätigen des Ermessens.

Allerdings dürfen nur solche Gründe nachgeschoben werden, die in dem für die Entscheidung maßgeblichen Zeitpunkt (s.o.) schon vorgelegen haben und den VA nicht in seinem Wesen verändern, da der Rechtsschutz des Klägers nicht verkürzt werden darf.

Rechtsverletzung des Klägers

Rechtsverletzung

beim Adressaten eines rw. VA

grds. unproblematisch (+) ⇨ durch den VA wird dem Betroffenen ein ihm ursprünglich zustehendes Recht entzogen, jdf. das aus Art. 2 I GG (speziellere Grundrechte zitieren!)

bei der Drittanfechtung

nur (+), wenn Schutznorm zugunsten des Klägers und gerade geschütztes Interesse des Klägers verletzt (vgl. ÜK 6)

Keine Rechtsverletzung wegen §§ 46, 47 VwVfG?

⇨ bei Vorliegen der Voraussetzungen des § 46 VwVfG scheidet eine subjektive Rechtsverletzung des Klägers i.S.d. § 113 I S.1 VwGO aus; die Norm betrifft (nach h.M.) nicht die Frage der Rmk. oder Rwk. des VA; § 46 VwVfG gilt auch bei Ermessensentscheidungen

⇨ wird ein VA gem. § 47 VwVfG in eine rechtmäßige Regelung umgedeutet, so ist die Klage trotz ursprünglich rechtswidrigem VA als unbegründet abzuweisen, wenn der Kläger nach Umdeutung zu seinen Lasten die Klage im Wege der Klageänderung nun gegen die neue rm. Regelung richtet, die den ursprünglichen VA gegenstandslos gemacht hat

Entsprechend Ihrem im Obersatz gem. § 113 I S.1 VwGO vorgegebenen Prüfungsprogramm müssen Sie, nachdem die objektive Rechtswidrigkeit des angefochtenen VA feststeht, noch auf die subjektive Rechtsverletzung des Klägers eingehen. Insbesondere bei der Drittanfechtung ist zu beachten, dass Klagebefugnis und Rechtsverletzung grds. dieselbe Sachfrage betreffen (vgl. ÜK 6). I.R.d. großzügigeren Zulässigkeitsprüfung genügt es, wenn Sie feststellen, dass ein Fall des Drittschutzes jedenfalls nicht ausgeschlossen ist, das vom Kläger behauptete Recht also möglicherweise beeinträchtigt ist. Erst i.R.d. Begründetheit müssen Sie dann entscheiden, ob die geltend gemachten Rechte wirklich bestehen und wirklich beeinträchtigt sind.

Die Anfechtungsklage ist trotz formeller Rechtswidrigkeit des angegriffenen VA unbegründet, wenn der Fehler gem. § 46 VwVfG unbeachtlich ist. Dadurch wird zugunsten der Prozessökonomie verhindert, dass eine materiell richtige Entscheidung nur wegen eines formellen Fehlers aufzuheben ist. § 46 VwVfG können Sie schon kurz erwähnen, wenn Sie einen formellen Fehler festgestellt haben. Prüfen Sie aber das Vorliegen seiner Voraussetzungen ausführlich erst i.R.d. Rechtsverletzung!

Zu Voraussetzungen und Rechtsnatur der wohl weniger klausurrelevanten Umdeutung gem. § 47 VwVfG vgl. VerwR I, Rn. 406.

Sonderprobleme: Statthaftigkeit der Anfechtungsklage gegen Nebenbestimmungen (NBen)

1. Problem

⇨ Ist isolierte Anfechtung des Zusatzes möglich, oder muss die Verpflichtungsklage auf Erlass eines neuen VA ohne Zusätze erhoben werden?

2. Echte NB?

⇨ isolierte Anfechtung nur bei echten Nben; wenn dagegen **keine NB** im Rechtssinn, Verpflichtungsklage auf Erlass des VA in der gewünschten Form, d.h. **keine von** einem vorliegenden **Haupt-VA trennbare Regelung**

Beispiele:

- Haupt-VA fehlt, NB liegt nur begrifflich vor, z.B. § 15 I VersG
- Zusatz ohne eigenen Regelungsgehalt, z.B. bloßer Hinweis auf Rechtslage
- Zusatz von Haupt-VA nicht unterscheidbar, z.B. bloße Inhaltsbestimmung, auch bei minus (Teilgenehmigung) und aliud (modifizierter Gewährung)

3. Art der NB

⇨ wenn **echte NB:** Subsumtion unter die verschiedenen Arten der NBen in § 36 II VwVfG, nach Rspr. auch modifizierende Auflage beachten!

4. Rechtsschutz

⇨ dann kurze Diskussion der Rechtsschutzmöglichkeiten gegen NBen: Gegen echte NBen nach neuerer Ansicht generell Anfechtungsklage statthaft; Ausnahmen: nur Verpflichtungsklage möglich bei modifizierender Auflage u. bei evident fehlender materieller Teilbarkeit (VA kann offensichtlich ohne NB keinen Bestand haben), dann „umsteigen" auf Verpflichtungsklage (§ 86 III VwGO).

Bei der Diskussion um die Nebenbestimmungen ist das eigentliche prozessuale Problem die Frage, ob eine isolierte Anfechtungsklage gegen den Zusatz möglich ist oder eine Verpflichtungsklage auf Erlass eines neuen VA ohne Zusätze erhoben werden muss. Dabei empfiehlt sich der Begriff „Zusatz", wenn noch zu klären ist, ob überhaupt eine Nebenbestimmung i.S.d. § 36 VwVfG vorliegt. Die Anfechtungsklage ist für den Kläger günstig, da er dann die Genehmigung so, wie er sie beantragt hat, schon verwenden kann und die belastende Nebenbestimmung suspendiert wird. Ist der Zusatz keine echte Nebenbestimmung, so kommt eine isolierte Anfechtung nicht in Betracht. Liegt eine echte Nebenbestimmung vor, so ist sie kurz unter § 36 II VwVfG zu subsumieren, vgl. dazu VerwR I, Rn. 417 - 425.

Zur modifizierenden Auflage (nach der Rechtsprechung eine echte Nebenbestimmung), bei der die modifizierte Gewährung von einem Anordnungselement überlagert ist und bei der aufgrund ihres Grundcharakters als modifizierte Gewährung nur eine Verpflichtungsklage statthaft ist (a.A. zum Ganzen die h.L., die die Existenz einer modif. Auflage nicht anerkennt!), vgl. VerwR I, Rn. 427 - 430.

Nach neuerer Ansicht kann die isolierte Anfechtbarkeit aller echten Nebenbestimmungen (außer der modifizierenden Auflage) generell bejaht werden (arg. § 113 I S.1 VwGO „soweit"). Stellen Sie davor kurz den Streitstand dar (Verpflichtungsklage bei allen Nebenbestimmungen, Abgrenzung nach der Art der Nebenbestimmung, keine isolierte Anfechtung bei unteilbaren Ermessensentscheidungen, vgl. dazu VerwR I, Rn. 431 - 436).

Sonderprobleme: Begründetheit der Anfechtungsklage gegen Nebenbestimmungen

1. Rechtswidrigkeit der NB	⇨ Rechtsgrundlage: **1.** Spezialgesetz, wenn abschließend oder **2.** Spezialgesetze i.V.m. § 36 VwVfG oder **3.** § 36 VwVfG allein ⇨ formelle Rmk.: Zuständigkeit, Verfahren, Form je nach Haupt-VA ⇨ materielle Rmk.: Subsumtion unter Rechtsgrundlage (Spezialgesetz oder § 36 I VwVfG evtl. i.V.m. Spezialgesetz oder § 36 II VwVfG), immer zu prüfen: § 36 III VwVfG, Ermessen bzgl. „Ob“ und „Wie“ der NB **Achtung:** Bestimmte statusverleihende VAe sind nebenbestimmungsfeindlich!
2. Kläger dadurch in seinen Rechten verletzt?	⇨ zu 1. und 2. vgl. § 113 I S.1 VwGO!
3. VA ohne NB rm.?	⇨ Rechtswidrigkeit des Rest-VA gerade durch Abzug der NB? Wenn (+), dann evtl. Umdeutung in Verpflichtungsklage über § 88 VwGO.
4. Materielle Teilbarkeit von VA und NB	⇨ str., wenn Erlass des Grund-VA im Ermessen der Behörde: Nach **Lit.** ist isolierte Aufhebung der NB hier ausgeschlossen, da unzulässiger Eingriff in Ermessensfreiraum der Behörde (Ausnahme: Es steht fest, dass Behörde VA auch ohne NB erlassen hätte); a.A. **BVerwG:** allein entscheidend ist, dass VA ohne NB rm. ist, Behörde hat ausreichende Korrekturmöglichkeiten über §§ 49 II Nr.2 VwVfG analog, 36 II Nr.5 VwVfG analog. Wenn materielle Teilbarkeit ( ) Umdeutung in Verpflichtungsklage

Die gegen eine Nebenbestimmung erhobene isolierte Anfechtungsklage ist begründet, wenn die Nebenbestimmung rechtswidrig und der Kläger dadurch in seinen Rechten verletzt ist, § 113 I S.1 VwGO. Weiterhin besteht auch Einigkeit darüber, dass der VA ohne Nebenbestimmung rechtmäßig sein muss. Umstritten ist aber, ob das Gericht auch dann befugt ist, Nebenbestimmung und VA zu trennen, wenn der Erlass des Grund-VA im Ermessen der Behörde steht, sog. Problem der materiellen Teilbarkeit. Dies kann auch schon vorab am Beginn der Begründetheitsprüfung angesprochen werden. Auch vertretbar in der Statthaftigkeit!

Bei der Prüfung der Rechtmäßigkeit der Nebenbestimmung sollte Ihnen die Systematik des § 36 VwVfG bewusst sein, wonach Nebenbestimmungen bei gebundenen VAen gem. § 36 I VwVfG grds. unzulässig sind (Anspruch auf Erlass des VA soll nicht durch Nebenbestimmungen umgangen werden), bei Ermessens-VAen gem. § 36 II VwVfG aber grds. zulässig (Behörde hat es ja selbst in der Hand, ob bzw. wie sie VA erlässt). Bei gebundenen VAen ist nach § 36 I VwVfG eine Nebenbestimmung nur zulässig, wenn sie entweder spezialgesetzlich vorgesehen ist oder die Rechtmäßigkeit des Haupt-VA sicherstellen soll. Im letztgenannten Fall hat der Bürger einen Antrag auf Erlass des VA gestellt, der erst mit dem Inhalt der Nebenbestimmung erlassen werden darf bzw. ohne die Nebenbestimmung rechtswidrig wäre. Der Bürger stellt also einen eigentlich unbegründeten Antrag. Als milderes Mittel zur Ablehnung wird dem Antrag mit Nebenbestimmung stattgegeben.

Zu weiteren problematischen Konstellationen im Zusammenhang mit Nebenbestimmungen vgl. VerwR I, Rn. 441 f. (Verpflichtungsklage auf Erlass einer neuen Nebenbestimmung durch den Adressaten, Drittrechtsschutz durch Verpflichtungsklage auf Hinzufügung einer Nebenbestimmung).

Sonderprobleme: Anfechtungsklage gegen Rücknahme-VA

I. Zulässigkeit

⇨ Anfechtungsklage statthaft: Aufhebung eines VA nach actus-contrarius-Theorie selbst VA, es genügt, diesen zu beseitigen, damit lebt der ursprüngliche VA wieder auf (§ 43 II VwVfG)

II. Begründetheit

(+), wenn Rücknahme rw. u. Kläger dadurch in seinen Rechten verletzt, § 113 I S.1 VwGO

1. **Rechtsgrundlage für Rücknahme:** ⇨ § 48 VwVfG, wenn Ausgangs-VA rw. und keine Spezialregelung (§ 1 I VwVfG) ⇨ inzidente Rmk.-Prüfung
2. **Formelle Rmk. d. Rücknahme:** ⇨ allg. Vorschriften gelten, klarstellend § 48 V VwVfG für die örtliche Zuständigkeit
3. **Materielle Rmk. d. Rücknahme:** ⇨ belastende VAe gem. § 48 I S.1 VwVfG frei rücknehmbar (Ermessensfehler?); begünstigende VAe gem. § 48 I S.2 VwVfG nur eingeschränkt (II - IV) rücknehmbar (nicht i.F.d. § 50 VwVfG!): Rücknahme von Leistungs-VA unter Vorauss. d. Abs. 2 ganz ausgeschlossen, bei sonst. VA gem. Abs. 3 grds. möglich (außer: Unverhältnismäßigkeit), § 48 IV VwVfG bei allen begünstigenden VAen beachten! Rücknahmeermessen gem. § 48 I S.2 VwVfG richtig ausgeübt?
   - ⇨ **wenn Klage begründet:** ursprüngl. VA lebt wieder auf
   - ⇨ **wenn Klage unbegründet:** Rechtsfolgen d. Rücknahme von begünstigendem VA mit Wirkung für die Vergangenheit gem. § 49a VwVfG, u.U. Geldentschädigung gem. § 48 III VwVfG (nicht i.F.d. § 50 VwVfG!)

Gegen die Aufhebung eines VA ist grds. die Anfechtungsklage statthaft, da die Aufhebung eines VA als actus contrarius ebenfalls ein VA ist. „Aufhebung“ umfasst als Oberbegriff sowohl Rücknahme (rechtswidriger VAe gem. § 48 VwVfG) als auch Widerruf (rechtmäßiger VAe gem. § 49 VwVfG). Die §§ 48, 49 VwVfG stellen auf die Rechtmäßigkeit zur Zeit des Erlasses des VA ab (vgl. § 49 II Nr.3, 4 VwVfG). Anders wird dies nur bei Dauer-VAen als Grundlage einer Leistungsgewährung gesehen, wo der Zeitpunkt des Eintritts der Rechtswidrigkeit maßgebend ist. Dann kann § 48 VwVfG angewendet werden. Die h.M. sieht § 49 III VwVfG hier nicht als abschließend an. Ob auch nichtige VAe aufhebbar sind, ist strittig (VerwR I, Rn. 454). Zur Aufhebbarkeit von VAen mit Mischwirkung vgl. VerwR I, Rn. 465 f.

Bei der Suche nach der Rechtsgrundlage für die Aufhebung des VA ist zu beachten, dass die §§ 48, 49 VwVfG von Spezialregelungen in anderen Gesetzen verdrängt werden können (§ 1 I VwVfG), z.B. § 15 GastG, § 21 BImSchG; auch § 72 VwGO (VerwR I, Rn. 456 - 459). Übrigens kommt nach h.M. aufgrund eines Erst-recht-Schlusses eine Rücknahme gem. § 48 VwVfG auch dann in Betracht, wenn die Voraussetzungen des § 49 VwVfG vorliegen (VerwR I, Rn. 476, 493).

Bei § 48 IV VwVfG sind der Begriff der „Tatsachen“ (auch Rechtsanwendungsfehler?), der Fristbeginn (Ermittlungs- oder Entscheidungsfrist?) und der Begriff der „Behörde“ (Sachbearbeiter oder Behörde i.S.d. § 1 IV VwVfG?) umstritten (VerwR I, Rn. 478 - 481). Prüfen Sie stets die richtige Ausübung des Rücknahmeermessens: Bei belastenden VAen gem. § 48 I S.1 VwVfG, bei begünstigenden muss hier ggf. der Vertrauensschutz berücksichtigt werden, soweit dieser nicht durch § 48 I S.2, II, IV VwVfG bereits zum Ausschluss der Rücknahme führt (v.a. in den Fällen des § 48 III VwVfG!).

Anfechtungsklage gegen Widerrufs-VA

I. Zulässigkeit

Anfechtungsklage statthaft (vgl. ÜK 19)

II. Begründetheit

(+), wenn Widerruf rw. und Kläger dadurch in seinen Rechten verletzt, § 113 I S.1 VwGO

1. **Rechtsgrundlage für Widerruf:** § 49 VwVfG, wenn Ausgangs-VA rm. und keine Spezialregelung (§ 1 I VwVfG) ⇨ inzidente Rmk.-Prüfung
2. **Formelle Rmk. d. Widerrufs:** allg. Regeln gelten, klarstellend § 49 V VwVfG für die örtliche Zuständigkeit
3. **Materielle Rmk. d. Widerrufs:** ⇨ belastende rm. VAe gem. § 49 I VwVfG grds. nach freiem Ermessen für die Zukunft widerrufbar, begünstigende rm. VAe dürfen nur widerrufen werden, wenn ein Widerrufsgrund des Abs. 2 oder 3 erfüllt ist und die Frist des § 48 IV i.V.m. § 49 II S.2, III S.2 VwVfG eingehalten wurde. Einschränkungen gelten nicht i.F.d. § 50 VwVfG, soweit die Voraussetzungen für einen Widerruf danach (+) ⇨ ermessensfehlerfreie Entscheidung der Behörde nötig

⇨ **wenn Klage begründet:** ursprünglicher VA lebt wieder auf

⇨ **wenn Klage unbegründet:** Rechtsfolge des Widerrufs eines begünstigenden VA mit Wirkung für die Vergangenheit gem. § 49a VwVfG, u.U. Entschädigung gem. § 49 VI VwVfG (nicht i.F.d. § 50 VwVfG)

Beim Widerruf eines rechtmäßigen VA gem. § 49 VwVfG geht es nicht darum, gesetzmäßige Zustände herbeizuführen (wie bei § 48 VwVfG, wo der Ausgleich zwischen Gesetzmäßigkeit der Verwaltung und Vertrauensschutz für den Betroffenen angestrebt wird). Einen Widerruf wird die Behörde v.a. dann erwägen, wenn die Sach- und Rechtslage sich so verändert hat, dass der VA jetzt nicht mehr erlassen werden dürfte, § 49 II Nr.3, 4 VwVfG.

Bei den Widerrufsgründen, die für den Widerruf eines rechtmäßigen begünstigenden VA erforderlich sind, ist v.a. § 49 III VwVfG zu beachten, durch den die frühere Regelung des § 44a BHO ins VwVfG integriert wurde. Danach ist ein Widerruf nun auch mit Wirkung für die Vergangenheit möglich, wenn ein VA vorliegt, bei dem die Leistung „zur Erfüllung eines bestimmten Zweckes gewährt" wurde.

Auch beim Widerruf begünstigender VAe gilt die Frist des § 48 IV VwVfG gem. § 49 II S.2, III S.2 VwVfG.

Wenn ein begünstigender VA mit Wirkung für die Vergangenheit aufgehoben wurde, richten sich Erstattung und Verzinsung einer gewährten Leistung nun nach § 49a VwVfG.
Sehr klausurrelevant ist schließlich, dass die Ausgangsbehörde die §§ 48 II-IV, 49 II-IV und VI VwVfG unter den Voraussetzungen des § 50 VwVfG nicht beachten muss! Nach h.M. muss der Rechtsbehelf des Dritten aber zulässig (und nicht evident unbegründet) sein (VerwR I, Rn. 500 - 503).
Lesen Sie unbedingt Hemmer/Wüst, EuropaR, Rn. 340 ff. zu den Modifizierungen, die die §§ 48 ff. VwVfG durch Regelungen des Europarechts erfahren.

Sonderprobleme: Reformatio in peius im Widerspruchsverfahren

I. Zulässigkeit der Anfechtungsklage

- ⇨ **Statthafte Klageart** ⇨ Klagegegenstand: grds. gem. § 79 I Nr.1 VwGO der VA i.F.d. Widerspruchsbescheides (WSB), ausnahmsweise gem. § 79 II S.1 VwGO isolierte Anfechtung des WSB, wenn und soweit WSB selbständige Beschwer über Ausgangs-VA hinaus enthält ⇨ nach h.M. Wahlrecht, wenn WSB quantitative Verschlechterung enthält (echte rip)
- ⇨ **Widerspruchsverfahren** entbehrlich, wenn nach § 79 II VwGO isoliert gg. WSB vorgegangen wird, § 68 I Nr.2 VwGO.
- ⇨ **Klagefrist** beginnt gem. § 74 I S.2 VwGO mit der Zustellung des WSB, der Ausgangs-VA verbösert hat

II. Begründetheit der Anfechtungsklage

- ⇨ **Obersatz** gem. § 113 I S.1 VwGO je nachdem, ob gesamter VA oder nur Verböserung angefochten wird (dann § 115 VwGO)
- ⇨ **Passivlegitimation:** I.d.R. Träger der Ausgangsbehörde gem. § 78 I Nr.1 VwGO, nur bei isolierter Klage gegen Verböserung Träger der WS-Behörde gem. §§ 78 II, 79 II S.3 VwGO
- ⇨ **rip überhaupt erlaubt?** BVerwG grds. (+), vgl. Wortlaut § 79 II VwGO, aber Vorauss. für konkrete rip aus einschlägigem Bundes- oder Landesverfahrensrecht
- ⇨ **formelle Rmk** ⇨ Problem: Zuständigkeit der WS-Behörde für rip, (+) wenn mit Erlassbehörde identisch oder Selbsteintrittsrecht; z.T. aus Devolutiveffekt der §§ 68, 73 VwGO, wenn nur quantitative Verschlechterung oder aus der allg. Verfahrenskompetenzordnung
- ⇨ **materielle Rmk** ⇨ Rechtsgrundlage: Wenn keine Spezialregelung, vergleichende Heranziehung von §§ 48, 49 VwVfG

Bei der reformatio in peius (rip) ändert die Widerspruchsbehörde die Entscheidung der Erstbehörde zu Ungunsten des Widerspruchsführers ab. Dabei liegt eine echte rip nur bei Änderung des Tenors der Entscheidung vor. Umseitig sind die wichtigsten Prüfungsschritte i.R.v. Zulässigkeit und Begründetheit der Anfechtungsklage dargestellt, die im Zusammenhang mit einer rip berücksichtigt werden müssen.

Bei der Klageart wird der Klagegegenstand festgelegt, je nachdem, ob sich der Kläger nur gegen die Verböserung oder gegen den gesamten VA (Ausgangs-VA inkl. Verböserung) wenden will. Diese Unterscheidung spielt auch eine Rolle für die Frage, wer richtiger Beklagter ist (siehe umseitig). Der richtige Beklagte wird je nach Bundesland wieder i.R.d. Zulässigkeit als Klagegegner oder i.R.d. Begründetheit als Passivlegitimation geprüft (ÜK 11).

Zum Streit um die grundsätzliche Zulässigkeit der rip vgl. VerwR I, Rn. 513 - 515. Nach dem BVerwG ist die rip grundsätzlich möglich, die Rechtmäßigkeit der konkreten Verböserung müsse aber nach dem einschlägigen Bundes- oder Landesrecht beurteilt werden. D.h. dass i.R.d. formellen Rechtmäßigkeit v.a. die Zuständigkeit der Widerspruchsbehörde gegeben sein muss (dazu VerwR I, Rn. 511 f.), diese wird bei der rip von der h.M. über den Devolutiveffekt begründet. Aus diesem Grund ist die Abgrenzung zum Selbsteintritt wichtig (neuer VA aus Anlass des WSB). D.h. außerdem, dass die rip als belastender VA einer Rechtsgrundlage bedarf. Mangels Sonderregelung sind hier die §§ 48, 49 VwVfG im Rahmen der Rechtsgrundlage für den konkreten VA vergleichend heranzuziehen (VerwR I, Rn. 516 f.).

Verpflichtungsklage - Prüfungsschema

Klageziel

⇨ gerichtet auf Verurteilung zum Erlass eines abgelehnten (Versagungsgegenklage) oder unterlassenen VA (Untätigkeitsklage)

I. Rechtsweg

Eröffnung des Verwaltungsrechtswegs, § 40 I VwGO (vgl. § 17a II GVG)

II. Zulässigkeit

1. **Klageart** bzw. Statthaftigkeit: klägerisches Begehren richtet sich auf Erlass eines VA i.S.d. § 35 VwVfG
2. **Klagebefugnis**, § 42 VwGO: möglicher Anspruch auf Erlass des begehrten VA (Ausschluss der Popularklage)
3. **Vorverfahren**, §§ 68 ff. VwGO (beachte Ausnahmen gem. §§ 68 I S.2, 75 Alt. 2 VwGO
4. **Klagefrist**, § 74 I, II VwGO
5. **Weitere Zulässigkeitsvoraussetzungen** (z.B. Form, Beteiligtenfähigkeit, Rechtsschutzbedürfnis) nur, falls problematisch

III. Beiladung und Klagenhäufung

1. **Beiladung**, § 65 VwGO
2. **Klagenhäufung**, § 44 VwGO

IV. Begründetheit

1. **Obersatz:** §§ 113 V S.1 bzw. S.2 VwGO (vgl. umseitig), § 78 VwGO
2. **Passivlegitimation**, § 78 VwGO: Rechtsträger der für den VA-Erlass zuständigen Behörde
3. **Anspruchsgrundlage und Subsumtion** (maßgeblicher Entscheidungszeitpunkt: regelmäßig letzte mündliche Verhandlung

HEMMER-METHODE zu ÜK 1

Die Verpflichtungsklage ist neben der Anfechtungsklage die "Standard-Klageart". Schwächen dürfen hier nicht vorkommen. Achten Sie in der Begründetheitsprüfung besonders auf die saubere Formulierung Ihres Obersatzes, mit dem Sie zugleich Ihr Prüfungsprogramm festlegen.
Zu unterscheiden haben Sie zwischen der Vornahmeklage (auf Erlass eines gebundenen VA) und der Bescheidungsklage (auf Bescheidung bzgl. Erlasses eines Ermessens-VA):

1. <u>Vornahmeklage</u>
   „Die Verpflichtungsklage (je nach Bundesland: die sich gem. § 78 VwGO gegen den richtigen Beklagten richten muss) ist begründet, soweit die Ablehnung (Unterlassung) des VA rechtswidrig war, der Kläger dadurch in seinen Rechten verletzt und die Sache spruchreif ist, § 113 V S.1 VwGO. Dies ist der Fall, wenn ein Anspruch auf Erlass des beantragten VA besteht.“

2. <u>Bescheidungsklage</u>
   „Die Verpflichtungsklage (je nach Bundesland: die sich gem. § 78 VwGO gegen den richtigen Beklagten richten muss) ist begründet, wenn der Kläger einen Anspruch auf Verbescheidung hat, § 113 V S.2 VwGO. Dies ist der Fall, wenn die Versagung (Unterlassung) des VA rechtswidrig und der Kläger dadurch in seinen Rechten verletzt ist.“

Beachten Sie schließlich: Die Untätigkeitsklage (§ 75 VwGO) ist keine eigene Klageart. Vielmehr handelt es sich um eine Verpflichtungsklage, die ausnahmsweise ohne Widerspruchsverfahren (§ 75 S.1 2.Alt. VwGO) bzw. ohne erfolglos abgeschlossenes Widerspruchsverfahren (§ 75 S.1 1.Alt. VwGO) zulässig ist. § 75 VwGO prüfen Sie demgemäß i.R.d. Vorverfahrens. In der 1.Alt. kann die Untätigkeitsklage auch eine Anfechtungsklage sein.

Verwaltungsrechtweg, § 40 I VwGO

öffentlich-rechtliche Streitigkeit	nichtverfassungsrechtlicher Art	keine anderweitige Zuweisung
streitentscheidende Norm ist öffentlich-rechtlich	keine doppelte Verfassungsunmittelbarkeit	§ 40 I S.1 2.HS, S.2 VwGO

typische Problemfälle i.R.d. Verpflichtungsklage

Zulassung zu öffentlicher Einrichtung

falls Zulassung nicht einheitlich öffentlich-rechtlich geregelt ⇨ sog. „Zwei-Stufen-Theorie“

1. Stufe: **Ob** der Benutzung immer öffentlich-rechtlich

2. Stufe: **Wie** der Benutzung privatrechtlich oder öffentlich-rechtlich (je nach Ausgestaltung des Benutzungsverhältnisses durch bspw. Mietvertrag oder Satzung)

Subventionen

- **Ob** der Gewährung ⇨ öffentlich-rechtlicher Bewilligungsakt
- **Wie** der Gewährung ⇨ regelmäßig privatrechtlich (z.B. Darlehen, § 488 BGB); Sonderfall: sog. „verlorene Zuschüsse“, die nicht zurückerstattet werden müssen, sind ausschließlich öffentlich-rechtlich zu beurteilen (es gibt nur eine Stufe)

Die Vorabprüfung der Eröffnung des Verwaltungsrechtswegs ergibt sich aus § 17a II GVG. Hiernach macht das Beschreiten des falschen Rechtswegs eine Klage nicht unzulässig. Vielmehr wird von Amts wegen an ein Gericht des zulässigen Rechtswegs verwiesen.

Zur Ermittlung des Vorliegens einer öffentlich-rechtlichen Streitigkeit müssen Sie regelmäßig keine „Theorie“ bemühen. Stellen Sie hier auf die Rechtsnatur der streitentscheidenden Norm ab. Die Nichtverfassungsrechtlichkeit eines Streits ist fast nie problematisch. Dennoch sollte hier das „Schlagwort“ von der fehlenden doppelten Verfassungsunmittelbarkeit fallen.

Bezüglich der anderweitigen Zuweisung ist zwischen auf- und abdrängender Zuweisung zu unterscheiden. Erstere ist logisch vorrangig und vor § 40 I VwGO zu prüfen, z.B. § 126 I BBG. Letztere ist hingegen i.R.d. § 40 I VwGO zu problematisieren (z.B. § 49 VI S.3 VwVfG).

Soweit die Benutzung einer Einrichtung bzw. die Subventionsgewährung insgesamt eindeutig öffentlich-rechtlich geregelt ist, sollten Sie die sog. Zwei-Stufen-Theorie zwar erwähnen, für deren Anwendung ist dann jedoch keinesfalls Raum. Viele Korrektoren reagieren sehr empfindlich, wenn die sog. Zwei-Stufen-Theorie "auf Biegen und Brechen" angewandt wird. Eine Definition des Begriffs Subvention, die Sie auch im Wirtschaftsverwaltungsrecht verwenden können, finden Sie übrigens in § 264 VII S.1 StGB. Auswendiglernen ist hier überflüssig.

Statthaftigkeit der Verpflichtungsklage

⇨ begehrte Leistung muss objektiv VA i.S.d. § 35 VwVfG sein; problematisch ist dies insbesondere in folgenden Fällen:

Abgrenzung VA-Realakt	Mehrstufiger VA	Aufsichtsrecht
Regelung grds. bei: Auskunft, Widerruf von Äußerungen, Auszahlung von Geldleistungen, Folgenbeseitigung	**Außenwirkung (-)** bezügl. der Mitwirkungsakte dritter Behörden bei Genehmigungen (z.B. § 36 I S.1 BauGB)	Begehren eines Trägers öffentlicher Gewalt gg. einen anderen auf Tätigwerden h.M.: Maßnahme der Rechtsaufsicht ⇨ VA Fachaufsicht ⇨ strittig

⇨ in anderen Fällen ist problematisch, ob die Verpflichtungsklage dem klägerischen Begehren gerecht wird

Nebenbestimmungen	Konkurrentenklage	§ 51 VwVfG
V.klage nur, soweit nicht isolierte Anfechtung der NB in Betracht kommt; Anfechtung (+) bei echter NB (außer bei Unteilbarkeit)	bei Mitteilung des erfolgreichen Mitbewerbers nach h.M. neben der V.klage zugleich Anfechtungsklage ratsam	• **h.M.:** 1 V.klage, gerichtet auf positive Sachentscheidung • **a.A.:** 2 V.klagen, gerichtet auf Wiederaufgreifung bzw. Sachentscheidung

Beginnen Sie Ihre Ausführungen zur statthaften Klageart mit der Formulierung: „Die Klageart richtet sich nach dem Begehren des Klägers“. Damit sind Sie in jedem Fall auf der sicheren Seite.
Einmal ansehen sollten Sie sich die Besonderheiten bei der beamtenrechtlichen Konkurrentenklage. Bei der beamtenrechtlichen Konkurrentenklage lassen sich Probleme der Statthaftigkeit, der Klagebefugnis und des Rechtsschutzbedürfnisses ideal verknüpfen. Häufig spielt auch der vorläufige Rechtsschutz eine Rolle.

Beim mehrstufigen VA fehlt es der ersten Stufe regelmäßig an der unmittelbaren Außenwirkung, so dass allenfalls eine Leistungsklage auf die Mitwirkungshandlung der ersten Behörde in Betracht kommt. Diese scheitert aber jedenfalls am Rechtsschutzbedürfnis, da der Bürger gleich auf den eigentlich begehrten VA klagen kann. Das Gericht ersetzt dann ggf. die Mitwirkungshandlung der Behörde.

Das Wiederaufgreifen des Verfahrens gem. § 51 VwVfG spielt dann eine Rolle, wenn im Nachhinein neue Beweismittel auftauchen oder eine Rechtsänderung eintritt und der Bürger deshalb eine Abänderung eines bestandkräftigen VA begehrt. Hier könnte man durchaus zwei Verpflichtungsklagen bejahen, eine auf Wiederaufgreifen und eine auf Abänderung. Die h.M. nimmt hingegen nur eine Verpflichtungsklage auf Sachentscheidung an, das Wiederaufgreifen wird als reine Vorfrage behandelt, vgl. VerwR II, Rn. 88 f.

Fortsetzungsfeststellungsklage, § 113 I S.4 VwGO (direkt bzw. analog)

Klageziel

Gerichtet auf Feststellung der Rechtswidrigkeit eines erlassenen bzw. des Nichterlassens eines begehrten VA nach Erledigung

I. Rechtsweg

Eröffnung des Verwaltungsrechtswegs, § 40 I VwGO (vgl. § 17a II GVG)

II. Zulässigkeit

1. Klageart bzw. Statthaftigkeit:

- Erledigung eines erlassenen VA nach Erhebung der Anfechtungsklage:
  § 113 I S.4 VwGO direkt
- Erledigung eines begehrten VA nach Erhebung der Verpflichtungsklage:
  § 113 I S.4 VwGO analog
- Erledigung eines erlassenen VA vor Erhebung der Anfechtungsklage:
  § 113 I S.4 VwGO analog
- Erledigung eines begehrten VA vor Erhebung der Verpflichtungsklage:
  § 113 I S.4 VwGO „doppelt" analog

2. Zulässigkeitsvoraussetzungen der Anfechtungs- bzw. Verpflichtungsklage:

- Klagebefugnis, § 42 II VwGO
- Vorverfahren, §§ 68 ff. VwGO (vgl. ÜK 6)
  Klagefrist, § 74 VwGO (vgl. ÜK 6)

Im Gesetz geregelt ist die Fortsetzungsfeststellungsklage (FFK) in § 113 I S.4 VwGO nur für den Fall der Anfechtung eines VA und der Erledigung nach Klageerhebung. In den übrigen Fällen bedarf es eines Analogieschlusses. Teilweise wird hier das Vorliegen einer Regelungslücke verneint. Es sei die Feststellungsklage nach § 43 VwGO statthaft. Dies können Sie kurz ansprechen, aber im Ergebnis der h.M. folgen (vgl. VerwR II, Rn. 134-137 und Rn. 142). Argumentieren Sie mit dem Gleichlauf der Erfolgsvoraussetzungen, egal ob die Erledigung nun kurz vor oder kurz nach Klageerhebung stattfindet.

Strittig ist schließlich die Rechtsnatur der FFK als Feststellungsklage eigener Art oder umgestellter Anfechtungs- bzw. Verpflichtungsklage. Vergleichen Sie hierzu ÜK 6. Dort sind auch die Problemfelder bzgl. Vorverfahren und Klagefrist dargestellt, die sich für die FFK aus dem Streit über ihre Rechtsnatur ergeben.

Erledigt ist ein VA, wenn die rechtliche oder sachliche Beschwer weggefallen bzw. der geltend gemachte Anspruch gegenstandslos geworden ist. Der Vollzug eines VA führt indessen nicht notwendigerweise zu dessen Erledigung. Der VA bleibt Rechtsgrund der Vollziehung.

Fortsetzungsfeststellungsklage - Prüfungsschema II

Fortsetzung von II.

3. Feststellungsinteresse, § 113 I S.4 VwGO, Fallgruppen:

- Konkrete Wiederholungsgefahr
- Rehabilitationsinteresse
- Schwerwiegender Grundrechtseingriff bei Erledigung vor der Möglichkeit, Gericht anzurufen
- Vorbereitung eines Amtshaftungsprozesses (vgl. umseitig)

4. Weitere Zulässigkeitsvoraussetzungen nur, falls problematisch

III. Beiladung und Klagenhäufung

1. Beiladung, § 65 VwGO

2. Klagenhäufung, § 44 VwGO

IV. Begründetheit

1. Obersatz: §§ 113 I S.4 VwGO bzw. 113 I S.4 VwGO analog (vgl. umseitig), § 78 VwGO analog

2. Passivlegitimation, § 78 VwGO analog: Rechtsträger der Erlassbehörde bzw. der für den VA-Erlass zuständigen Behörde

3. ⇨ Rechtswidrigkeit des erledigten VA bzw. des Nichterlasses eines begehrten VA

⇨ Rechtsverletzung des Klägers

Bzgl. des Feststellungsinteresses haben Sie im Fall der Vorbereitung eines Amtshaftungsprozesses zu beachten, dass diese Fallgruppe nur bzgl. der Erledigung nach Klageerhebung anerkannt ist. Es besteht kein genereller Anspruch auf den sachnäheren Richter, vgl. § 17 II S.1 GVG.

Die prägnante Formulierung des Obersatzes i.R.d. Begründetheitsprüfung ist in der Klausur von entscheidender Bedeutung. Folgende Formulierungen sollten Sie sich einprägen:

<u>FFK bei ursprünglicher Anfechtungsklage</u>

„Die FFK ist begründet, soweit die Klage gegen den richtigen Beklagten gerichtet ist, § 78 VwGO analog, der erledigte VA rechtswidrig war und der Kläger dadurch in seinen Rechten verletzt wurde, § 113 I S.4 VwGO (bzw. § 113 I S.4 VwGO analog).“

<u>FFK bei ursprünglicher Verpflichtungsklage</u>

„Die FFK ist begründet, soweit die Klage gegen den richtigen Beklagten gerichtet ist, § 78 VwGO analog, die Versagung/Unterlassung des begehrten VA rechtswidrig war und der Kläger dadurch in seinen Rechten verletzt wurde, § 113 I S.4 VwGO analog.“

Beachten Sie bzgl. der Passivlegitimation: § 78 VwGO bezieht sich zwar nach seiner Stellung im Gesetz ausschließlich auf Anfechtungs- und Verpflichtungsklage. Die analoge Anwendung auf die FFK ist jedoch allgemein anerkannt.

Im Anschluss an die Passivlegitimation prüfen Sie dann in den gewohnten Bahnen von Anfechtungs- bzw. Verpflichtungsklage weiter. Einziger Unterschied: Zeitform!

Problemfelder bei der FFK

I. Vorverfahren

- Vorverfahren unstreitig erforderlich, wenn sich VA erst nach Ablauf der Widerspruchsfrist (§ 70 VwGO) erledigt hat
- Streitig, falls Erledigung bereits vor Ablauf der Widerspruchsfrist erfolgt ist
  - **e.A.:** Vorverfahren (+) ⇨ FFK ist umgestellte Anfechtungs- bzw. Verpflichtungsklage; Selbstkontrolle der Verwaltung, Entlastung der Gerichte
  - **a.A.:** Vorverfahren (-) ⇨ „Fortsetzungswiderspruchsverfahren" in VwGO nicht vorgesehen; Vorverfahren sinnlos, da Aufhebung bzw. Erlass des VA nicht mehr möglich (weitere Ansicht: FFK ist Feststellungsklage eigener Art ⇨ schon deshalb ist ein Vorverfahren nicht durchzuführen)

II. Klagefrist

- Unstreitig einzuhalten bei Erledigung nach Ablauf d. Klagefrist, andernfalls streitig:
- **e.A.:** Klagefrist gem. §§ 74 I, 58 II VwGO analog ⇨ Charakter als umgestellte Anfechtungs- bzw. Verpflichtungsklage begründet Fristbindung (wiederum streitig, ob VA-Erlass oder Erledigung fristauslösendes Ereignis)
  a.A.: keine Fristbindung ⇨ sinnlos, da erledigter VA nicht mehr in Bestandskraft erwachsen kann und gerade dies der Sinn einer Klagefrist ist (zu beachten bleibt eine mögliche Verwirkung)

Das Erfordernis eines Vorverfahrens und die Klagefrist sind im Rahmen der FFK stets zu problematisieren. Lücken dürfen hier deshalb nicht vorkommen.

Am häufigsten haben Sie die FFK im Polizeirecht zu prüfen. Hier findet sich dann ein weiteres Standardproblem schon in der Eröffnung des Verwaltungsrechtswegs, § 40 I VwGO: Wird die Polizei repressiv tätig (Polizei handelt funktionell als Justizbehörde), ist gem. § 23 I EGGVG der ordentliche Rechtsweg eröffnet. Der Verwaltungsrechtsweg ist hingegen eröffnet, wenn die Polizei zur Gefahrenabwehr tätig wird. Abzugrenzen haben Sie hier nach dem Schwerpunkt des Tätigwerdens.

Bezüglich des Streits über die Notwendigkeit eines Vorverfahrens und der Frist sollten Sie sich klarmachen, dass an dieser Stelle der dogmatische Konflikt über die Rechtsnatur der FFK (vgl. ÜK 4) prüfungsrelevant wird. Deshalb müssen Sie diese Frage genau an dieser Stelle ansprechen. In Bundesländern, in denen das Vorverfahren wie in Bayern auch bei einer Anfechtungsklage entfällt, vgl. Art. 15 BayAGVwGO, hat sich dieser Meinungsstreit erledigt. Wenn schon bei einer Anfechtungsklage kein Vorverfahren stattfindet, dann erst recht nicht bei der FFK.

Die Fristbindung der FFK können Sie in vielen Fällen, insbesondere im Polizeirecht, offenlassen, wenn mangels schriftlicher Rechtsbehelfsbelehrung die Jahresfrist nach § 58 II VwGO gilt.

Unstrittig ist, dass die Erledigung nicht zu einer Erweiterung des Rechtsschutzes führen darf: War die Anfechtungsklage im Zeitpunkt der Erledigung aufgrund Verfristung nach §§ 70, 74 VwGO bereits unzulässig, ist auch die FFK unzulässig. D.h., dass unstreitig eine fristgerechte Einlegung des Widerspruchs erforderlich ist, wenn die Erledigung erst nach Ablauf der Widerspruchsfrist eintritt!

Allgemeine Leistungsklage

Klageziel	⇨ gerichtet auf Verurteilung zu Tun/Dulden/Unterlassen; subsidiär gegenüber Verpflichtungsklage, soweit es um Erlass eines VA geht
Rechtsgrundlage	⇨ als Klageart vom Gesetz als bestehend vorausgesetzt, vgl. §§ 43 II S.1, 111, 113 IV, 169 II VwGO
I. Rechtsweg	Eröffnung des Verwaltungsrechtswegs, § 40 I VwGO (vgl. § 17a II GVG)
II. Zulässigkeit	**1.** Klageart bzw. Statthaftigkeit: Klagebegehren gerichtet auf Vornahme eines schlichten oder auf das Unterlassen irgendeines Verwaltungshandelns **2.** Klagebefugnis, § 42 II VwGO analog (str.) **3.** Kein Vorverfahren, keine Klagefrist (evtl. Verwirkung); Ausnahme: Beamtenrecht ⇨ Vorverfahren (+) gem. § 126 II BBG **4.** Weitere Zulässigkeitsvoraussetzungen, falls problematisch; insbes. Rechtsschutzbedürfnis (vgl. umseitig)
III. Beiladung und Klagenhäufung	**1.** Beiladung, § 65 VwGO **2.** Klagenhäufung, § 44 VwGO
IV. Begründetheit	**1.** Obersatz (vgl. umseitig) **2.** Passivlegitimation, § 78 VwGO analog: Rechtsträger der Behörde, gegenüber der der Leistungsanspruch geltend gemacht wird **3.** Bestehen des geltend gemachten Leistungsanspruchs

Die allgemeine Leistungsklage (aLK) umfasst die Vornahmeklage und die Unterlassungsklage. Anders als die Vornahmeklage, die sich ausschließlich auf schlicht-hoheitliches Handeln bezieht, kann sich die Unterlassungsklage grds. auch gegen den Erlass eines VA richten. Es handelt sich dann um eine vorbeugende Unterlassungsklage. Im Hinblick auf den Suspensiveffekt von Anfechtungswiderspruch bzw. Anfechtungsklage (§ 80 I VwGO), die nach VA-Erlass erhoben werden könnte, und das repressiv orientierte Rechtsschutzsystem der VwGO bedarf es dann aber eines qualifizierten Rechtsschutzbedürfnisses.

Zu typischen Anwendungsfällen der aLK vgl. ÜK 9 - 12. Zum Sonderproblem der Normerlassklage vgl. VerwR II, Rn. 185-187.

Umstritten ist die analoge Anwendung des § 42 II VwGO auf die aLK. Mit dem Hinweis auf den bezweckten „Ausschluss der Popularklage“ wird die analoge Anwendung des § 42 II VwGO auf die aLK von der h.M. aber bejaht (vgl. Kopp/Schenke, VwGO, § 42 Rn. 62).

In der Begründetheit sollten Sie auch bei der aLK auf eine saubere Abfassung Ihres Obersatzes achten. Formulieren Sie etwa: „Die allgemeine Leistungsklage ist begründet, wenn sie gegen den richtigen Beklagten gerichtet ist, § 78 VwGO analog, dem Kläger der behauptete Anspruch tatsächlich zusteht und dieser Anspruch auch durchsetzbar ist.“

Verwaltungsrechtweg, § 40 I VwGO bei der aLK

⇨ Bei der aLK geht es oft um Realakte; problematisch ist deshalb regelmäßig die Einordnung als öffentlich-rechtliche Streitigkeit

Typische Problemfälle

Äußerungen von Beamten	Immissionen	Beteiligung einer Kirche
öffentlich-rechtlich (+) bei engem Sachzusammenhang mit hoheitlichem Handeln; bzgl. Widerruf gilt die actus-contrarius-Theorie (entscheidend ist der Charakter der zu widerrufenden Äußerung)	z.B. Lärm vom Kinderspielplatz, Verkehrslärm ⇨ abzustellen ist auf Funktionszusammenhang bzw. Zweck, falls Widmung als öffentliche Einrichtung bzw. öffentliche Straße, dann öffentlich-rechtlich (+)	öffentlich-rechtlich (+) bei engem Sachzusammenhang mit hoheitlicher Tätigkeit (Kirche ist gem. Art. 140 GG i.V.m. Art. 137 V WRV Körperschaft des öffentlichen Rechts); Rspr.: Vermutung für öffentlich-rechtlichen Charakter im Kernbereich kirchlichen Wirkens

Zu beachten ist ferner die abdrängende Sonderzuweisung des § 40 II S.1 VwGO. Hiernach ist bei öffentlich-rechtlicher Verwahrung, Aufopferung (insb. enteignender und enteignungsgleicher Eingriff) und Amtshaftung (vgl. auch Art. 34 S.3 GG) der ordentliche Rechtsweg gegeben.

HEMMER-METHODE zu ÜK 8

Geht es um private Äußerungen von Beamten (bzw. sonstigen Funktionsträgern), fehlt jeder Bezug zum öffentlichen Recht, bei Äußerungen i.R.v. Dienstgeschäften ist entscheidend, mit welcher Angelegenheit ein Zusammenhang besteht. Ein problematischer Grenzfall liegt dann vor, wenn öffentliche Aufgaben in privatrechtlicher Form wahrgenommen werden (Verwaltungsprivatrecht). Denken Sie dann daran, dass es keine "Flucht ins Privatrecht" geben darf. Häufig wird deshalb auch hier ein öffentlich-rechtlicher Abwehranspruch in Betracht kommen.

Bei der Beteiligung von Kirchen, die als Körperschaften des öffentlichen Rechts anerkannt sind, haben Sie zudem zunächst zu prüfen, ob überhaupt ein Rechtsweg zu den staatlichen Gerichten eröffnet ist. Rein innerkirchliche Angelegenheiten regeln die Kirchen gem. Art. 140 GG i.V.m. Art. 137 III WRV (inkorporiertes Staatskirchenrecht der Weimarer Reichsverfassung) selbst. Im Hinblick auf Art. 19 IV GG (effektiver Rechtsschutz) sind die Grenzen hier jedoch eng zu ziehen.

§ 40 II S.1 VwGO wird gerade bei der aLK relevant, da es hier typischerweise um Geldleistungen geht. Werden Sie sich auch der Rolle des § 40 II S.2 VwGO bewusst. Diese Norm stellt klar, dass die aufdrängende Sonderzuweisung des § 126 I BBG zu den Verwaltungsgerichten der abdrängenden Sonderzuweisung des § 40 II S.1 VwGO vorgeht.

Zum Verwaltungsrechtsweg bei öffentlich-rechtlichen Verträgen siehe ÜK 11.

Der Folgenbeseitigungsanspruch (FBA)

Anspruchsziel	**gerichtet auf Wiederherstellung des ursprünglichen Zustands**
I. Rechtsgrundlage	e.A.: §§ 12, 862, 1004 I BGB analog a.A.: Art. 20 III GG – Gesetzmäßigkeit der Verwaltung h.M.: im Einzelfall einschlägiges Grundrecht } Streit i.E. unbeachtlich, da Existenz und Voraussetzungen allgemein anerkannt
II. Hoheitlicher Eingriff in subjektives Recht des Bürgers	
III. Schaffung eines andauernden rechtsw. Zustands	Rechtswidrigkeit (-), falls <u>Duldungspflicht</u>, z.B. aus Gesetz, VA, ör. Vertrag, (<u>beachte</u>: Eingriffshandlung selbst braucht nicht unbedingt rechtswidrig zu sein)
IV. Folgenbeseitigung tatsächlich und rechtlich möglich sowie zumutbar	
V. Eventl. Ausschluss wegen Mitverschuldens, § 254 BGB analog	• frühere Rspr.: „Alles-oder-Nichts-Prinzip“ ⇨ Anspruchsausschluss bei überwiegendem Mitverschulden des Anspruchstellers • heutige Rspr.: bei Mitverschulden Ausgleichsanspruch in Geld entspr. § 251 I BGB, wenn unteilbarer Anspruch (bzw. Kostenbeteiligung bei geringem Mitverschulden)

Machen Sie sich zunächst die Rechtsfolge beim FBA klar! Hier geht es nicht etwa um Schadensersatz, sondern um die Erhaltung (Unterlassungsanspruch) bzw. Wiederherstellung (Beseitigungsanspruch) des status quo ante; deshalb kommt beim FBA Ersatz entgangenen Gewinns von vornherein nicht in Betracht. Hintergrund: Je weniger Haftungsvoraussetzungen zu erfüllen sind (FBA ist verschuldensunabhängig), desto weniger umfänglich ist auch der Haftungsanspruch ausgestattet. Vom FBA ist der *öff.-rechtl. Unterlassungsanspruch* zu unterscheiden, der auf die gleichen Rechtsgrundlagen gestützt wird, aber *schon vor einer Rechtsbeeinträchtigung* zur Abwehr derselben geltend gemacht werden kann (Basics ÖR, Rn. 704). Die Voraussetzungen sind dabei ein drohender hoheitlicher Eingriff und das Vorliegen einer Wiederholungs- bzw. Begehungsgefahr.

Zentraler Prüfungspunkt beim FBA ist regelmäßig das Bestehen einer Duldungspflicht. Eine solche kann sich z.B. aus § 906 BGB, §§ 22 I, 3 I BImSchG ergeben.

Bezüglich der tatsächlichen Möglichkeit der Folgenbeseitigung ist umstritten, ob Gleichheit (z.B. Steine einer rechtswidrig abgebrochenen Mauer) oder Gleichartigkeit (z.B. vergleichbare Steine) zu fordern ist. Entscheiden Sie sich hier pragmatisch für die Gleichartigkeit.

Beachten Sie schließlich die besondere Klagesituation nach § 113 I S.2 VwGO (Vollzugs-FBA): Hier kommt es zu einer „Verschachtelung" von Anfechtungsklage (bzgl. zugrundeliegendem VA) und aLK (bzgl. Vollzug). Vergleichen Sie hierzu VerwR II, Rn. 230.

Öffentlich-rechtlicher Erstattungsanspruch

geschriebene Erstattungsansprüche

- Erstattung überzahlter Dienstbezüge:
- §§ 12 II BBesG, 52 II BeamtVG
- Erstattung nach Aufhebung eines VA: § 49a VwVfG

ungeschriebene Erstattungsansprüche

Rechtsgrundlage str.:

- **e.A.:** §§ 812 ff. BGB analog
- **a.A.:** allgem. Grundsätze des öffentl. Rechts

Prüfungsschema ungeschriebener ör Erstattungsanspruch

I. Rechtsgrundlage

II. Unmittelbare Vermögensverschiebung innerhalb einer ör Rechtsbeziehung

III. Ohne Rechtsgrund bzw. Rechtsgrund später weggefallen

IV. Evtl. Wegfall der Bereicherung

- Staat kann sich nicht auf Entreicherung berufen (Art. 20 III GG, finanzielle Leistungsfähigkeit d. öffentl. Hand)
- Str., ob Bürger Entreicherung einwenden kann; h.M.: §§ 818 III, 819 I BGB nicht anwendbar, ör. Grundsatz des Vertrauensschutzes (entsprechende Anwendung des § 49a VwVfG)

Vorrangig zu prüfen haben Sie geschriebene Erstattungsansprüche. In der Sache können Sie auch diesbezüglich das umseitige Prüfungsschema im Kopf behalten. Die Subsumtion muss sich jedoch streng am Wortlaut der jeweiligen Norm orientieren.
Beim ungeschriebenen Erstattungsanspruch halten Sie die Diskussion der Rechtsgrundlage eher kurz. Da Sie eine öffentlich-rechtliche Arbeit schreiben, entscheiden Sie sich für eine Begründung aus allgemeinen Grundsätzen des öffentlichen Rechts.

Besondere Beachtung müssen Sie dem Fehlen eines rechtlichen Grundes schenken. Häufig wird hier auf einen VA als möglichen Rechtsgrund abzustellen sein. Vorsicht: Auch ein (bestandskräftiger) rechtswidriger VA ist Rechtsgrund. Zum Wegfall des rechtlichen Grundes bedarf es also zunächst der Aufhebung (Anfechtungsklage oder Rücknahme gem. § 48 VwVfG)! Nur ein nichtiger VA (§ 44 VwVfG) bildet keinen Rechtsgrund.

Häufig ist noch ein möglicher Wegfall der Bereicherung zu problematisieren. Beachten Sie hier die geringere Reichweite des öffentlich-rechtlichen Grundsatzes des Vertrauensschutzes. Anders als bei §§ 818 III, 819 I BGB schadet hier nach h.M. in entsprechender Anwendung des § 49a VwVfG bereits grobe Fahrlässigkeit. Hintergrund ist, dass es beim öffentlich-rechtlichen Erstattungsanspruch nicht um einen Ausgleich gleichgeordneter Privatinteressen, sondern um die Gesetzmäßigkeit der Verwaltung (Art. 20 III GG) geht.

Öffentlich-rechtlicher Vertrag, §§ 54 ff. VwVfG: Prüfungsstationen

Verwaltungsrechtsweg

ör Streitigkeit (+) bei öffentlich-rechtlicher Natur des Vertragsgegenstandes

Begründetheit

Obersatz: Leistungsanspruch (+), wenn ein ör Vertrag vorliegt und wirksam ist (grds. Ansprüche auch aus rw. Vertrag)

I. Vorliegen eines ör Vertrages

- wirksamer Vertragsschluss, § 62 S.2 VwVfG i.V.m. §§ 145 ff. BGB
  Abgrenzung zu mitwirkungsbedürftigem VA und Zusicherung

II. Wirksamkeit des Vertrages

- Formelle Rechtmäßigkeit:
  - Zuständigkeit (allg. Kompetenzordnung)
  - Verfahren (§ 58 VwVfG)
  - Form (§ 57 VwVfG)
- **Materielle Rechtmäßigkeit:**
  - kein Vertragsformverbot, § 54 VwVfG
  - Rechtmäßigkeit der Leistung, § 54 VwVfG i.V.m. allg. Vorschriften
  - Rechtmäßigkeit der Gegenleistung, § 56 VwVfG

  Fehlerfolge: Evtl. Nichtigkeit gem. § 59 II VwVfG bzw. § 59 I VwVfG i.V.m. § 134 BGB

Achten Sie gerade beim öffentlich-rechtlichen Vertrag auf Ihren Aufbau. Bei vielen Bearbeitern geht es hier "kreuz und quer". Bedenken Sie auch, dass Sie bei einem prozessualen Aufbau die Rechtsnatur des Vertrages schon i.R.d. Verwaltungsrechtswegs zu klären haben. Entscheidend ist hier der Vertragsgegenstand. Faustformel: Ist eine der im Gegenseitigkeitsverhältnis stehenden Pflichten öffentlich-rechtlich, ist der gesamte Vertrag einheitlich als öffentlich-rechtlich zu qualifizieren.

Zur Abgrenzung des öffentlich-rechtlichen Vertrages vom mitwirkungsbedürftigen VA prägen Sie sich ein, dass bei ersterem die Bürgerbeteiligung Tatbestandsvoraussetzung, bei letzterem nur Rechtmäßigkeitsvoraussetzung ist.
Die Zusicherung hingegen bezieht sich auf einen zukünftigen VA.

Besonders wichtig ist beim öffentlich-rechtlichen Vertrag die Trennung von Rechtmäßigkeit und Wirksamkeit. Es kommt nur auf letztgenannte an. Die Rechtmäßigkeit ist nur als Vorfrage hierzu zu prüfen und also solche auch kenntlich zu machen! Ausgangspunkt Ihrer Prüfung sollte deshalb immer die Unwirksamkeit des Vertrages wegen Einwendungen nach § 59 I, II VwVfG sein.

Im Hinblick auf Vertragsverbote spiegelt sich der Konflikt zwischen dem Prinzip der Gesetzmäßigkeit der Verwaltung (Art. 20 III GG) und dem Grundsatz „pacta sunt servanda“ wider. Insoweit greift beim öffentlich-rechtlichen Vertrag nur der Vorrang, nicht jedoch der Vorbehalt des Gesetzes ein, vgl. § 54 VwVfG „soweit Rechtsvorschriften nicht entgegenstehen“.

Bei der Prüfung der Wirksamkeit des öffentlich-rechtlichen Vertrages haben Sie schließlich darauf zu achten, das fein differenzierte System von Nichtigkeitsgründen nach § 59 II VwVfG nicht zu umgehen. Greifen Sie also nicht vorschnell auf § 59 I VwVfG i.V.m. § 134 BGB zurück. Hauptanwendungsfall hierfür ist das Vorliegen eines Vertragsformverbots (z.B. bei Prüfungsentscheidungen, Beamtenernennungen etc.).

Kommunalverfassungsstreit (KVS)

Der sog. Kommunalverfassungsstreit wirft regelmäßig folgende Probleme auf:

Verwaltungsrechtsweg	(+), da keine doppelte Verfassungsunmittelbarkeit ⇨ es streiten sich keine Verfassungsorgane um Verfassungsrecht
Statthaftigkeit	**1. Schritt:** fraglich, ob VA vorliegt ⇨ regelmäßig (-) wegen fehlender Außenwirkung (innerorganisatorische Entscheidung) **2. Schritt:** Allgemeine Leistungsklage oder Feststellungsklage? • **h.M.:** Feststellungsklage, da fehlerhafter Beschluss eines kommunalen Organs keine Rechtswirkung entfaltet ⇨ nichts aufzuheben (unstreitig, wenn Maßnahme bereits erledigt!) • **BayVGH:** allgemeine Leistungsklage (mit kassatorischer Wirkung), da Gestaltungsurteil rechtsschutzintensiver ist als Feststellungsurteil; Art. 19 IV GG; Subsidiarität der Feststellungsklage, § 43 II VwGO
Klagebefugnis	Mögliche Verletzung organschaftlicher Rechte, § 42 II VwGO analog
Beteiligtenfähigkeit	Rechtsstellung als Organ bzw. Organteil, § 61 Nr.2 VwGO (analog)
Passivlegitimation	• **e.A.:** jeweils zum Handeln verpflichtetes Organ bzw. Organteil ist passivlegitimiert (andernfalls komplizierte prozessuale Situation) • **BayVGH:** Rechtsträgerprinzip, § 78 I Nr.1 VwGO ⇨ Handeln des Organs bzw. Organteils ist der passivlegitimierten Gemeinde zuzurechnen.

Lassen Sie sich vom Begriff des KVS nicht irreführen: Weder streiten hier Verfassungsorgane über unmittelbar aus der Verfassung sich ergebende Rechte (doppelte Verfassungsunmittelbarkeit), noch handelt es sich um eine eigenständige Klageart (Statthaftigkeit). Der auf der Vorderseite dargestellte Meinungsstreit zur Klageart betrifft im Übrigen nur den Fall, dass Klagegegenstand ein noch nicht erledigtes Internum ist. Nach Erledigung ist unstreitig die allgemeine Feststellungsklage statthaft.

Die Besonderheit des KVS ist vor allem, dass stets organschaftliche und nicht persönliche Rechte in Streit stehen. Daran müssen Sie vor allem bei der Klagebefugnis sowie bei der Beteiligtenfähigkeit denken: Bei einem Gemeinderatsmitglied auf § 61 Nr.1 VwGO (natürliche Person) abzustellen, wäre verfehlt. Einschlägig ist hier § 61 Nr.2 VwGO analog, da nicht die natürliche Person als solche, sondern als Organwalter klagt (str.).
Beachten Sie weiter, dass kein Vorverfahren erforderlich ist und der KVS auch keiner Fristbindung unterliegt.
Bei der Passivlegitimation beachten Sie schließlich folgendes: Ein Abstellen auf das einzelne Organ bzw. den Organteil ist problematisch, wenn im jeweiligen Landesrecht das Rechtsträgerprinzip konsequent durchgehalten wird, wie dies etwa in Bayern der Fall ist. Von der Möglichkeit des § 78 I Nr.2 VwGO hat der Landesgesetzgeber hier keinen Gebrauch gemacht. Prozessrechtliche Komplikationen (Bsp.: Bürgermeister klagt gegen den Gemeinderat, da dieser ihm seine Rechte streitig macht) sind dann hinzunehmen bzw. etwa dadurch auszugleichen, dass statt des ersten Bürgermeisters der zweite Bürgermeister vor Gericht für die Gemeinde auftritt. Letztlich sollten Sie sich der in Ihrem Bundesland vorherrschenden Ansicht anschließen.
Beachten Sie auch, dass vorläufiger Rechtsschutz nur nach § 123 VwGO möglich ist, da § 80 V VwGO in der Hauptsache eine Anfechtungsklage voraussetzt.

Allgemeine Feststellungsklage, § 43 VwGO

Klageziel	gerichtet auf Feststellung • des Bestehens eines Rechtsverhältnisses (positive Feststellungskl.), § 43 I 1.Alt. VwGO • des Nichtbestehens eines Rechtsverhältnisses (negative Feststellungskl.), § 43 I 2.Alt. VwGO • der Nichtigkeit eines VA (Nichtigkeitsfeststellungsklage), § 43 I 3.Alt., II S.2 VwGO
I. Rechtsweg	Eröffnung des Verwaltungsrechtswegs, § 40 I VwGO (vgl. § 17a II GVG)
II. Zulässigkeit	• Klageart bzw. Statthaftigkeit Streitgegenstand ist Rechtsverhältnis bzw. nichtiger VA • Subsidiarität der Feststellungsklage, § 43 II VwGO • Klagebefugnis, § 42 II VwGO analog (str.) • Feststellungsinteresse, § 43 I VwGO • Kein Vorverfahren, keine Klagefrist (evtl. Verwirkung; Beamtenrecht: § 126 II BBG) • weitere Zulässigkeitsvorauss. nur, falls problematisch; insb. Rechtsschutzbedürfnis
III. Beiladung und Klagenhäufung	Beiladung, § 65 VwGO Klagenhäufung, § 44 VwGO
IV. Begründetheit	• Obersatz (vgl. umseitig) • Passivlegitimation: Rechtsträgerprinzip • Bestehen, Nichtbestehen eines Rechtsverhältn. bzw. Nichtigkeit eines VA, § 44 VwVfG

HEMMER-METHODE zu ÜK 13

Arbeiten Sie sorgfältig und differenzieren Sie i.R.d. Statthaftigkeit zwischen positiver Feststellungsklage, negativer Feststellungsklage und Nichtigkeitsfeststellungsklage. In den weiteren Prüfungsstationen der Zulässigkeit findet sich mancher Problempunkt. Vergleichen Sie hierzu ÜK 14.

In der Begründetheit hängt der Obersatz von der von Ihnen i.R.d. Statthaftigkeit vorgenommenen Differenzierung ab. So könnten Sie etwa bei der positiven Feststellungsklage formulieren: "Die allgemeine Feststellungsklage ist begründet, wenn die Klage gegen den richtigen Beklagten gerichtet ist und das behauptete Rechtsverhältnis tatsächlich besteht." Für die Passivlegitimation gilt auch bei der FK das Rechtsträgerprinzip. Allerdings greift die wohl h.M. hier zur Begründung nicht auf § 78 VwGO zurück. Für Sie entscheidend ist: Bei der positiven FK ist derjenige richtiger Beklagter, der das behauptete Rechtsverhältnis bestreitet, bei der negativen FK derjenige, der ein Recht für sich in Anspruch nimmt, und bei der Nichtigkeitsfeststellungsklage der Rechtsträger der Behörde, die den VA erlassen hat.

Schließlich ist die Nichtigkeitsfeststellungsklage von der Anfechtungsklage abzugrenzen. Stellt sich etwa die Nichtigkeit eines VA erst im Rahmen eines Anfechtungsprozesses heraus, kann die Klage gem. § 86 III VwGO auf eine Nichtigkeitsfeststellungsklage umgestellt werden. Nach § 86 III VwGO kann auch im umgekehrten Fall (zunächst FK) verfahren werden.

Beachten Sie aber, dass auch gegen einen nichtigen VA die Anfechtungsklage bzw. die FFK statthaft ist und umgekehrt diese Möglichkeit die Statthaftigkeit der Feststellungsklage nicht ausschließt, vgl. § 43 II S.2 VwGO. Möglich ist außerdem die Verpflichtungsklage auf Feststellung der Nichtigkeit des in Frage stehenden VA durch feststellenden VA der Behörde gem. § 44 V VwVfG (str.). Aber: Nur die Anfechtungsklage wahrt die Frist des § 74 VwGO (str.).

Probleme bei der allgemeinen Feststellungsklage (I)

Probleme i.R.d. Zulässigkeit der allgemeinen Feststellungsklage

I. Statthaftigkeit

Rechtsverhältnis = die sich aus einem konkreten Sachverhalt aufgrund einer öffentlich-rechtlichen Regelung ergebende rechtliche Beziehung einer Person zu einer anderen Person oder zu einer Sache

II. Subsidiarität

Grundsatz: § 43 II VwGO

Ausnahmen:

- str.: Beklagter ist jur. Person des öffentl. Rechts
  - **e.A.:** Vollstreckungsdruck überflüssig, FK nicht durch Subsidiarität ausgeschlossen (so teilweise das BVerwG)
  - **a.A.:** Subsidiarität greift ein: Wortlaut des § 43 II VwGO; §§ 170, 172 VwGO
- Beamtenrecht: Wegen § 126 II BBG keine Umgehung der besonderen Zulässigkeitsvoraussetzungen von Anfechtungs- und Verpflichtungsklage
- Erhebung der Feststellungsklage entspricht dem Rechtsschutzinteresse des Klägers besonders (z.B. sonst Vielzahl von Anfechtungsklagen nötig, es soll gerade Erlaubnisfreiheit einer Handlung festgestellt werden)
- § 43 II S.2 VwGO

Die Definition des Rechtsverhältnisses i.S.d. § 43 I VwGO müssen Sie unbedingt kennen. Wichtig zu wissen ist darüber hinaus, dass das Rechtsverhältnis <u>nicht</u> zwingend zwischen den Prozessbeteiligten bestehen muss. Präjudizialität genügt hier. Auch ein vergangenes oder zukünftiges Rechtsverhältnis ist feststellungsfähig, wenn sich aus diesem schon oder noch konkrete Auswirkungen ergeben können.

In diesen Problemkreis fällt auch die sog. echte Normerlassklage. Dabei sind jeweils mehrere Fragenkreise zu unterscheiden. Zum einen stellt sich die im Ergebnis zu verneinende Frage, ob ein Anspruch auf Erlass oder Änderung einer Norm generell dem Verfassungsrecht zuzurechnen ist, auch wenn es sich um eine untergesetzliche Norm handelt, die erlassen oder geändert werden soll. Des Weiteren stellt sich die Frage, ob ein Anspruch auf Erlass oder Änderung einer Norm (= abstrakt generelle Regelung) überhaupt denkbar ist. Dies ist nach neuerer Rechtsprechung der Fall, wenn er sich aus höherrangigem Recht ergibt. Art. 19 IV GG gewährleistet Rechtsschutz nicht nur gegen höherrangiges Recht verletzende Rechtssetzungsakte, sondern auch gegen ein mit höherrangigem Recht unvereinbares Unterlassen des Verordnungsgebers. Schließlich geht es um die Frage, wie dieser prozessual durchsetzbar ist. Dabei tendiert das BVerwG zur Feststellungsklage, ohne aber die allgemeine Leistungsklage auszuschließen.

Machen Sie sich schließlich auch den Sinn und Zweck des Subsidiaritätsgrundsatzes (§ 43 II VwGO) klar: Einerseits geht es um die Verhinderung einer Umgehung der besonderen Sachurteilsvoraussetzungen von Anfechtungs- und Verpflichtungsklage (Vorverfahren und Frist). Andererseits aber auch um die Zurverfügungstellung der jeweils effektivsten Klageart (größere Reichweite eines Gestaltungsurteils, keine Vollstreckbarkeit des Feststellungsurteils im Gegensatz zum Leistungsurteil). § 43 II VwGO ist insoweit also ambivalent. Nicht übersehen dürfen Sie die Ausnahmevorschrift des § 43 II S.2 VwGO: Hier wird die Subsidiarität schon kraft Gesetzes eingeschränkt.

Probleme bei der allgemeinen Feststellungsklage (II)

VerwR II, Rn. 329 - 340

Fortsetzung: Probleme i.R.d. Zulässigkeit der allgemeinen Feststellungsklage

III. Klagebefugnis

⇨ str., ob § 42 II VwGO analog

- **e.A.:** § 43 I VwGO (Feststellungsinteresse) gegenüber § 42 II VwGO lex specialis
- **h.M.:** § 42 II VwGO analog (+) ⇨ Grund: Ausschluss von Feststellungs-popularklagen

IV. Feststellungs-interesse

jedes schutzwürdige Interesse rechtlicher, wirtschaftlicher und ideeler Art (Fallgruppen: konkrete Wiederholungsgefahr, unklare Rechtslage, Diskriminierung ⇨ vergleichbar mit den Fallgruppen bei § 113 I S.4 VwGO)

V. Rechtsschutz-bedürfnis

- **§ 44 V VwVfG:**
  - **e.A.:** Kläger hat zunächst gem. §§ 44 V VwVfG Behördenantrag zu stellen
  - **h.M.:** Wahlrecht ⇨ Bindungswirkung des Gerichtsurteils gem. § 121 VwGO
- **vorbeugende FK:** qualifiziertes Rechtsschutzbedürfnis erforderlich

Strittig ist, ob eine Klagebefugnis § 42 II VwGO analog zu fordern ist. Rspr. und ein Teil der Lit. nehmen dies an, da Feststellungspopularklagen vermieden werden müssen, eine a.A. lehnt die analoge Anwendung ab, weil keine Regelungslücke besteht. Aus dem Wortlaut ergebe sich, dass § 43 VwGO ein berechtigtes Interesse verlange, während § 42 II VwGO sich eindeutig auf die in der Norm genannte Gestaltungs- und Leistungsklage beziehe.

Eine besondere Form des Rechtsschutzbedürfnisses muss in Form eines berechtigten Interesses an der baldigen Feststellung des Bestehens oder Nichtbestehens eines Rechtsverhältnisses oder der Nichtigkeit des VA vorliegen.

Im Bereich des vorbeugenden Rechtsschutzes bedarf es eines besonders qualifizierten Rechtsschutzbedürfnisses. Ein solches liegt nur vor, wenn andernfalls effektiver Rechtsschutz vereitelt würde. Auch hier kommt wieder Art. 19 IV GG zum Tragen.

Grundsätzlich aber gilt: Das Rechtsschutzsystem der VwGO ist auf die "Heilung" von Rechtsverstößen hin konzipiert, also repressiv.

Verwaltungsgerichtliches Normenkontrollverfahren, § 47 VwGO

Klageziel

⇨ gerichtet auf prinzipale (≅ abstrakte) Kontrolle der Wirksamkeit untergesetzlicher Rechtsvorschriften

I. Zulässigkeit

1. **Statthaftigkeit:** Überprüfung von
   - § 47 I Nr.1 VwGO: Satzungen nach dem BauGB
   - § 47 I Nr.2 VwGO: sonstigem untergesetzlichen Landesrecht
2. **Entscheidung im Rahmen der Gerichtsbarkeit des OVG** (u.a. in Bayern VGH, § 184 i.V.m. Art. 1 I S.1 AGVwGO), **§ 47 I VwGO:** Rechtsvorschriften, aus deren Anwendung öffentlich-rechtliche Streitigkeiten entstehen können, für die der Verwaltungsrechtsweg (§ 40 I VwGO) gegeben ist ⇨ „Vollzugsfolgenstreitigkeiten" müssen unter § 40 I VwGO fallen!
3. **Antragsberechtigung, § 47 II S.1 VwGO:**
   - natürliche/jurist. Person
   - Behörde (auch Gemeinde)
4. **Antragsbefugnis, § 47 II S.1 VwGO:** mögliche Verletzung in eigenen Rechten (gilt nicht für „Behörde")
5. **Antragsfrist, § 47 II S.1 VwGO:** 1 Jahr nach Bekanntmachung
6. **Landesverfassungsrechtlicher Vorbehalt, § 47 III VwGO** (str.; nach a.A. Frage der Begründetheit)
7. **Weitere Zulässigkeitsvorauss.** nur, falls problematisch; insbes. Rechtsschutzbedürfnis

II. Begründetheit

1. Obersatz
2. Antragsgegner: § 47 II S.2 VwGO ⇨ vermeiden Sie die Terminologie „Passivlegitimation"
   Prüfungsmaßstab: landesverfassungsrechtlicher Vorbehalt, § 47 III VwGO
3. Wirksamkeit der zu überprüfenden Rechtsvorschrift
   - ausschließlich objektive Rechtmäßigkeitskontrolle
   - nicht: Verletzung eigener Rechte des Antragstellers

Die verwaltungsgerichtliche Normenkontrolle (NK) ist primär objektives Rechtsbeanstandungsverfahren bzgl. untergesetzlichen Landesrechts.

Stellt jedoch ein Bürger den Antrag nach § 47 II S.1 VwGO, kommt die Funktion als Rechtsschutzverfahren hinzu. Die NK nach § 47 VwGO ist <u>prinzipale NK.</u> Hierbei geht es um die Gültigkeit einer Norm als solcher. Grundsätzlich (also außerhalb des Anwendungsbereiches des § 47 VwGO) ist dies eine Sache der Verfassungsgerichte. Gegenbegriff zur prinzipalen NK ist die inzidente NK. Hier ist die Gültigkeit einer Norm nur Vorfrage i.R.d. Sachentscheidung.

Dementsprechend beschränkt sich die Rechtskraft der verwaltungsgerichtlichen inzidenten NK auf die Parteien und Beteiligten (§ 121 VwGO). Die Unwirksamkeitserklärung nach § 47 V S.2, 2.HS. VwGO wirkt dagegen allgemeinverbindlich. In diesem Zusammenhang gehört auch, dass das Normenkontrollverfahren keine notwendige Beiladung gem. § 65 II VwGO, sondern nur eine einfache Beiladung kennt, vgl. § 47 II S.4 VwGO. Hier bedarf es keiner besonderen Bindung Dritter an das Prozessergebnis. § 47 II S.3 VwGO enthält zudem ein eigenständiges Beteiligungsverfahren.

Eine ungültige Rechtsnorm wird gem. § 47 V S.2 1.HS. VwGO für <u>unwirksam</u> erklärt. Eine Aufhebung ist nicht nötig, da rechtswidrige Normen – anders als etwa VA'e – per se unwirksam sind!
Passen Sie hieran Ihren Obersatz an: „Der Antrag auf verwaltungsgerichtliche NK ist begründet, wenn der Antrag gegen den gem. § 47 II S.2 VwGO richtigen Antragsgegner gerichtet ist und die angegriffene Rechtsvorschrift unwirksam ist.

Rechtsvorschrift i.S.d. § 47 VwGO (Statthaftigkeit der NK)

§ 47 I Nr.1 VwGO

Satzungen nach dem BauGB: insbesondere Bebauungspläne (§ 10 I BauGB) und Veränderungssperren (§ 16 I BauGB)

§ 47 I Nr.2 VwGO i.V.m. Landesrecht über Bestimmung

Sonstige im Rang unter dem Landesgesetz stehende Rechtsvorschriften, insbesondere sonstige Satzungen (etwa nach GO) und Verordnungen (in Bayern bspw. wurde von dieser Möglichkeit durch Art. 5 AGVwGO Gebrauch gemacht)

⇨ **Problemfälle:**

- **Verwaltungsvorschriften**
  Rechtsvorschrift i.S.d. § 47 VwGO ist grds. nur ein Außenrechtssatz ⇨ Verwaltungsvorschrift ist regelmäßig nur Innenrechtssatz und zudem fehlt es an der Antragsbefugnis (Ausnahme bei gesetzesvertretender Funktion)

- **Geschäftsordnung des Gemeinderates**
  Geschäftsordnung ist interne Verfahrensordnung eigener Art ⇨ nach gefestigter Rspr. dennoch Überprüfbarkeit gem. § 47 VwGO

Satzungen nach dem BauGB unterliegen gem. § 47 I Nr.1 VwGO bundeseinheitlich der verwaltungsgerichtlichen NK. Beachten Sie hierbei unbedingt, dass Flächennutzungspläne (§ 5 BauGB) nicht als Satzung ergehen. Nach der Rechtsprechung sind sie aber analog § 47 I Nr.1 VwGO angreifbar, soweit sie Darstellungen i.S.d. § 35 III S.3 BauGB enthalten.

Sonstiges untergesetzliches Landesrecht unterliegt hingegen nur bei entsprechender landesrechtlicher Anordnung der verwaltungsgerichtlichen NK (z.B. Satzung einer Gemeinde bzgl. Anschluss- und Benutzungszwang, Verordnung einer Sicherheitsbehörde).

Haben Sie Zweifel am Vorliegen einer Rechtsvorschrift, so ist sowohl auf formelle als auch auf materielle Kriterien abzustellen. So bedarf eine Verordnung der Verkündung, auch muss sie ihre Ermächtigungsgrundlage angeben (formell). Die Verordnung begründet Rechte und Pflichten des Bürgers (materiell), die Verwaltungsvorschrift hingegen konkretisiert regelmäßig nur Handlungspflichten der Behörden. Ausnahme ist hier die sog. normkonkretisierende Verwaltungsvorschrift, die jedoch umstritten ist.

Wichtig ist schließlich noch, dass die zur NK gestellte Rechtsvorschrift bereits verkündet, nicht jedoch in Kraft getreten sein muss. Ob die Verkündigung rechtmäßig erfolgte, ist hierbei ohne Belang. Für einen Bebauungsplan bedeutet dies, dass eine Bekanntmachung nach § 10 III BauGB vorliegen muss.

Normenkontrollverfahren - Problemfelder

Neben der Statthaftigkeit der NK ergeben sich (i.R.d. Zulässigkeit) folgende weitere:

Gerichtsbarkeit der OVG/VGH	Verwaltungsrechtsweg (-) bezügl. Bußgeldtatbestand einer VO ⇨ gem. § 68 I OWiG sind ausschließlich die Amtsgerichte zuständig
Antragsbefugnis	Erfordernis subjektiver Rechtsverletzung vergleichbar § 42 II VwGO, zeitlich aber weiter („in absehbarer Zeit eintretende...“)
Antragsfrist	Einjährige Antragsfrist
Landesverfassungsrechtlicher Vorbehalt	**h.M.:** grds. keine Zulässigkeitsvoraussetzung, sondern Beschränkung des Prüfungsmaßstabes (Begründetheit); Ausnahme: ausdrückliche Rüge nur von Landesverfassungsrecht
Rechtsschutzbedürfnis	• NK ist neben der Anfechtungs- oder Verpflichtungsklage zulässig (unterschiedliches Rechtsschutzziel) • bezügl. „Behörde“: Vorliegen eines objektiven Kontrollinteresses ⇨ evtl. eigene Normverwerfungskompetenz der Verwaltung? – **e.A. (+):** Art. 1 III, 20 III GG; rechtswidrige Rechtsvorschrift eo ipso nichtig, bloße „feststellende Verwerfung“ – **h.M. (-):** verfassungsrechtliche Funktionsverteilung (Art. 20 II, 100 I, 93 I Nr.2 GG, 47 VwGO), Rechtssicherheit ⇨ bei gemeindlicher Satzung: eigener Aufhebungs- bzw. Änderungsbeschluss der Gemeinde ist einfacherer Weg gegenüber NK-Antrag der Gemeinde

Bei der Prüfung der Gerichtsbarkeit haben Sie auf sorgfältige Terminologie zu achten. So führt z.B. das OVG für den Freistaat Bayern gem. § 184 VwGO i.V.m. Art. 1 I BayAGVwGO die Bezeichnung „Bayerischer Verwaltungsgerichtshof" (VGH).
Übersehen Sie auch nicht, dass beim Antrag einer Behörde der Prüfungspunkt „Antragsbefugnis" entfällt. Das hier erforderliche objektive Kontrollinteresse ist im Rahmen des Rechtsschutzbedürfnisses anzusprechen. Vergessen Sie nicht, dass es sich bei der NK nach § 47 VwGO um ein objektives Rechtsbeanstandungsverfahren handelt: Die Antragsbefugnis findet somit in der Begründetheitsprüfung keine Entsprechung. Dort geht es ausschließlich um objektives Recht.
Beachten Sie, dass nur bereits erlassene Normen kontrollfähig sind. Diese müssen aber noch nicht in Kraft getreten sein. Ob Erlass vorliegt, ist aus Sicht des Normgesetzgebers zu beurteilen.
Den landesverfassungsrechtlichen Vorbehalt nach § 47 III VwGO sollten Sie i.R.d. Zulässigkeit zumindest kurz ansprechen und dann in der Begründetheit wieder aufgreifen. Schließlich rundet bei einem Antrag der Behörde eine kurze Diskussion der Normverwerfungskompetenz Ihre Zulässigkeitsprüfung ab.
Die Antragsfrist beträgt ein Jahr, mit ihrem Ablauf tritt jedoch keine Bestandskraft ein. § 47 II S.1 VwGO bezieht sich nur auf prinzipale NK, eine Inzidentkontrolle der betroffenen Norm bleibt offen.
Mit dem Erfordernis eines „allgemeinen Rechtsschutzbedürfnisses" soll vermieden werden, dass die Gerichte in eine Normüberprüfung eintreten, deren Ergebnis für den Antragsteller wertlos ist. Zu fragen ist daher, ob der Antragsteller mit seinem angestrebten Ziel seine Rechtstellung verbessern kann. Nicht erforderlich ist, dass eine begehrte Unwirksamkeitserklärung zum eigentlichen Rechtsschutzziel führt. Es ist ausreichend, weil nicht (wert-)nutzlos, wenn die Entscheidung nur aus tatsächlichen Gründen vorteilhaft ist.

Überprüfung der Rechtsvorschrift i.R.d. Begründetheit der NK

I. Rechtsgrundlage	Landesrechtliche Spezialgesetze, Gemeindeordnung, allgemeines landesrechtliches Ordnungsrecht
II. Formelle Rechtmäßigkeit	1. **Zuständigkeit:** ergibt sich regelmäßig aus Ermächtigungsgrundlage (Gemeinde: Prüfung von Verbands- und Organzuständigkeit) 2. **Verfahren:** ⇨ ordnungsgemäße Beschlussfassung durch Kollegialorgan (z.B. Gemeinderat, Verbandsversammlung) ⇨ Bekanntmachung (Satzung: vorherige Ausfertigung) ⇨ evtl. Genehmigung bzw. Anzeige
III. Materielle Rechtmäßigkeit	1. Subsumtion unter Ermächtigungsgrundlage (evtl. zuvor inzident die Rechtmäßigkeit der Ermächtigungsgrundlage prüfen, falls problematisch) 2. Vereinbarkeit mit höherrangigem Recht, beachte auch § 47 III VwGO 3. Fehlerfreier Gebrauch des Normsetzungsermessens
IV. Beachtlichkeit	gerade im Baurecht Fehler zum Teil unbeachtlich bzw. behebbar, vgl. §§ 214, 215 BauGB

Die Rechts- bzw. Ermächtigungsgrundlage für eine Satzung oder Verordnung wird häufig an entlegener Stelle zu finden sein. Meist hilft dann eine Angabe im Sachverhalt, andernfalls ein Blick ins Stichwortverzeichnis Ihrer Gesetzessammlung weiter. Zuständigkeits- und mehr noch Verfahrensfragen sind Einfallstore für einen kommunalrechtlichen Teil Ihrer Klausur. Insbesondere Beschlussfähigkeit und -fassung im Gemeinderat werden als Standardwissen vorausgesetzt! Frischen Sie Ihre Kenntnisse hier immer wieder auf.

Der Schwerpunkt Ihrer Prüfung wird jedoch regelmäßig im Bereich der materiellen Rechtmäßigkeit liegen. Regelmäßig wird dem Normgeber ein Ermessen bzgl. „Ob“ und „Wie“ des Erlassens einer Rechtsvorschrift eingeräumt sein. Dann haben Sie zu ermitteln, ob Ermessensfehler vorliegen. Üblicherweise wird hier zwischen Ermessensausfall sowie inneren und äußeren Ermessensfehlern differenziert. Erstere beziehen sich auf den Prozess der Willensbildung des Normgebers, letztere auf das Ergebnis der Ermessensbetätigung. Besondere Beachtung verdienen schließlich auch Erhaltungs- bzw. Unbeachtlichkeitsnormen (besonders wichtig: § 214 BauGB), nach denen (formelle) Rechtsverletzungen entgegen dem entsprechenden Grundsatz nicht zur Unwirksamkeit der Rechtsvorschrift führen bzw. nachträglich korrigierbar sind (§ 214 IV BauGB). Diese aktuelle gesetzgeberische Entwicklung ist rechtsstaatlich nicht unbedenklich. Im Hinblick auf das lange und streng formalistische Satzungsverfahren, bei dem – gerade kleineren Gemeinden – immer wieder Fehler unterlaufen, ist es aber auch erforderlich, dass nicht jeder Fehler sofort zur Nichtigkeit führt und damit die ganze „Prozedur“ von Neuem beginnt, sondern dass lediglich der formell fehlerhafte Verfahrensabschnitt wiederholt werden kann.

Widerspruchsverfahren im Überblick

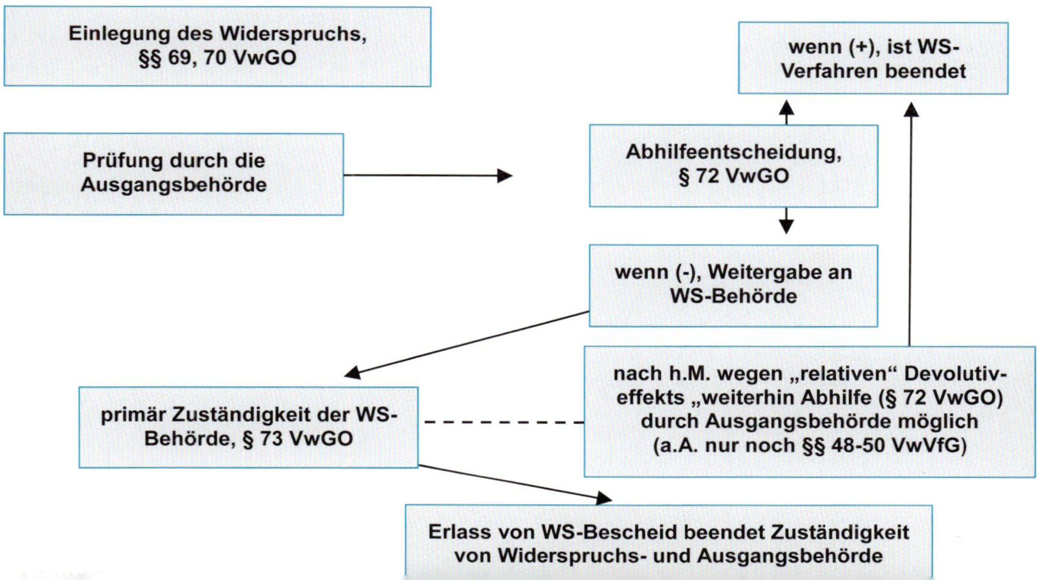

Das Widerspruchsverfahren als außergerichtlicher Rechtsbehelf, der vor Erhebung von Anfechtungs- und Verpflichtungsklagen (i.F.d. Versagungsgegenklage) gem. § 68 I und II VwGO durchzuführen ist, dient v.a. drei Zwecken: Es stellt eine *zusätzliche Rechtsbehelfsmöglichkeit* für den Bürger dar, führt zur *Entlastung der Verwaltungsgerichte* (wenn dem Widerspruch abgeholfen wird) und ermöglicht eine *Selbstkontrolle der Verwaltung*. Letzterem dient v.a. die Möglichkeit der Abhilfe gem. § 72 VwGO, die die "Korrektur eigener Fehler" ermöglicht. Das Widerspruchsverfahren ist gleichzeitig Vorschaltrechtsbehelf vor der verwaltungsgerichtlichen Entscheidung und neue Verwaltungsentscheidung. Dementsprechend ist es auch z.T. durch die VwGO (§§ 68 ff. VwGO) und z.T. durch das VwVfG (§§ 79, 80 VwVfG) geregelt. Auch außerhalb der §§ 68 ff. VwGO werden Normen aus der VwGO für das Widerspruchsverfahren entsprechend angewendet, was sich aus der notwendigen Einheitlichkeit von außergerichtlichem Vorschaltrechtsbehelf und gerichtlicher Hauptsache ergibt (vgl. dazu ÜK 2).

Das Widerspruchsverfahren unterteilt sich in das Abhilfeverfahren und - wenn die Ausgangsbehörde den Widerspruch nicht für begründet hält (§§ 72, 73 VwGO) - die Entscheidung der Widerspruchsbehörde. Hält diese den Widerspruch für unzulässig oder unbegründet, so weist sie ihn zurück. Hält sie einen Anfechtungswiderspruch für begründet, so hebt sie den angefochtenen VA auf. Bei begründetem Verpflichtungswiderspruch kann sie den beantragten VA selbst erlassen oder die Ausgangsbehörde zum Erlass verpflichten. Die Entscheidungszuständigkeit der Widerspruchsbehörde (sog. Devolutiveffekt) wird erst durch die Ablehnung einer Abhilfeentscheidung begründet. Welche Auswirkungen dies auf die Zuständigkeit der Ausgangsbehörde hat, ist umstritten. Der Anfechtungswiderspruch hat grds. auch aufschiebende Wirkung, § 80 I VwGO (sog. Suspensiveffekt).

Machen Sie sich unbedingt die Unterschiede zwischen der Abhilfeentscheidung gem. § 72 VwGO und einer Aufhebung nach §§ 48 - 50 VwVfG klar! Vgl. dazu VerwR III, Rn. 7, 20.

Prüfungsschema zum Widerspruch

I. Zuständigkeit der Behörde

WS-Behörde gem. § 73 I VwGO (§ 73 I S.2 Nr.2 und 3 verdrängen als spezielle Regelung Nr.1)

II. Zulässigkeit

1. Eröffnung des Verwaltungsrechtswegs, § 40 I VwGO analog
2. Statthaftigkeit des Widerspruchs: § 68 VwGO (-) bei § 68 I S.2 Nr.1, Nr.2 VwGO, bei Fortsetzungsfestellungs-WS, bei Verzicht; (+) aber bei nichtigem VA, bei richterrechtlich begründeter Entbehrlichkeit
3. Widerspruchsbefugnis, § 42 II VwGO analog
4. Form und Frist, § 70 VwGO (bei Fristberechnung str., ob nach §§ 57 II VwGO, 222 ZPO, 187 ff. BGB oder nach §§ 79, 31 VwVfG, 187 ff. BGB, auch str., ob Sachbescheidung trotz Verfristung möglich)
5. Beteiligtenbezogene Voraussetzungen (Beteiligten- und Handlungsfähigkeit, Vertretung, §§ 11 ff. VwVfG)
6. Sonstige Voraussetzungen (z.B. Sachbescheidungsinteresse)

III. Begründetheit

1) Rechtmäßigkeit des VA
   a) obj. Rechtmäßigkeit
   b) subj. Rechtsverletzung

2) Zweckmäßigkeit des VA
   a) obj. Unzweckmäßigkeit
   b) Verletzung rechtlich geschützter Interessen des Wf.

In der Klausur kann Ihnen das Widerspruchsverfahren nicht nur als Sachurteilsvoraussetzung i.R. einer Zulässigkeitsprüfung einer Anfechtungs- oder Verpflichtungsklage begegnen, sondern es kann auch nach den Erfolgsaussichten des Widerspruchs selbst gefragt sein. In dem Fall können Sie sich am umseitig dargestellten Schema orientieren, u.U. hat vorher noch eine Abgrenzung zu den formlosen Rechtsbehelfen stattzufinden (vgl. VerwR III, Rn. 27).

Die Zuständigkeit der Widerspruchsbehörde gem. § 73 I VwGO sollte zu Beginn der Zulässigkeit geprüft werden, wie dies auch in der Praxis erfolgt.

Anders als bei den verwaltungsgerichtlichen Klagen ist § 40 I VwGO hier in der Zulässigkeit des Widerspruchs zu prüfen, da eine Verweisung gem. §§ 17, 17a GVG im Widerspruchsverfahrens nicht in Betracht kommt, die Verwaltungsrechtswegeröffnung damit echte Zulässigkeitsvoraussetzung des Widerspruchs ist.

Die Statthaftigkeit des Widerspruchs ergibt sich grds. aus § 68 VwGO. Die gesetzlich geregelten Fälle der Entbehrlichkeit sind meist im Landesrecht, bspw. Art. 15 (Bay)AGVwGO, geregelt. Anders als in den gesetzlich geregelten Fällen der Entbehrlichkeit des Widerspruchsverfahrens ist ein solches in den richterrechtlich begründeten Fällen der Entbehrlichkeit (VerwR I, Rn. 171 ff.) statthaft. Eine Ausnahme stellt die Erledigung vor Klageerhebung dar. Hier ist das Vorverfahren nach h.M. nicht nur entbehrlich, sondern sogar unzulässig.

Die Widerspruchsbefugnis, die analog § 42 II VwGO auch schon beim Vorschaltrechtsbehelf gefordert wird, kann sich u.U. auch aus der Unzweckmäßigkeit des VA ergeben, wenn der Widerspruchsführer geltend machen kann, er sei dadurch in seinen rechtlich geschützten Interessen verletzt (vgl. auch ÜK 3).

<u>Begründetheit des Widerspruchs</u>

(+), wenn

alternativ

- **beim Anfechtungs-WS analog § 113 I VwGO:**
  VA objektiv rw und WF dadurch in seinen Rechten verletzt
- **beim Verpflichtungs-WS analog § 113 V VwGO:**
  Ablehnung des begehrten VA rw (weil Anspruch auf Erlass) und WF dadurch in seinen Rechten verletzt

- **bei Ermessens-VAen zudem:**
  VA objektiv unzweckmäßig und WF dadurch in seinen rechtlich geschützten Interessen verletzt (nur, wenn Ermessensnorm zumindest auch dem Interesse des Betroffenen dient)

I.R.d. Begründetheit des Widerspruchs ist zunächst darauf zu achten, dass hier eine Prüfung der Passivlegitimation nicht stattfindet, da es sich beim Widerspruchsverfahren um ein gegnerloses Verfahren handelt. In den Bundesländern, in denen der richtige Beklagte sonst als Klagegegner i.R.d. Zulässigkeit geprüft wird, entfällt dieser Prüfungspunkt ebenfalls.

Der Prüfungsumfang für die Begründetheit des Widerspruchs als Vorschaltrechtsbehelf zur Anfechtungs- und Verpflichtungsklage i.F.d. Versagungsgegenklage ergibt sich aus § 113 I bzw. V VwGO analog. Da gem. § 68 I VwGO aber auch die Zweckmäßigkeit zu prüfen ist, ist der Widerspruch auch dann begründet, wenn der VA unzweckmäßig ist (nur bei Ermessensverwaltungsakten!) und der Widerspruchsführer dadurch in seinen rechtlich geschützten Interessen verletzt ist (nur, wenn Ermessensnorm auch dem Schutz des Widerspruchsführers dient). Hier findet eine vollständig neue Ermessensausübung durch die Widerspruchsbehörde statt. In der Klausur im Ersten Examen können Sie sich i.d.R. auf einen kurzen Hinweis bzgl. der Zweckmäßigkeit beschränken, da der Sachverhalt meist nicht genug Informationen für eine eigene Ermessensausübung enthalten wird.

Maßgebliche Sach- und Rechtslage - falls diese sich zwischen Ausgangs-VA und Entscheidung der Widerspruchsbehörde ändert - ist grds. die zum Zeitpunkt der Entscheidung der Widerspruchsbehörde.

Bzgl. Zweckmäßigkeit landesrechtliche Spezialvorschriften beachten, vgl. z.B. Art. 119 Nr.1 BayGO a.E.

Vorläufiger Rechtsschutz - Überblick

Die VwGO kennt zwei Arten des vorläufigen Rechtsschutzes

↓

§ 123 V VwGO: maßgeblich ist Streitgegenstand (u. Klageart in der Hauptsache)

aufschiebende Wirkung, §§ 80, 80a VwGO

(+), wenn Streitgegenstand erstmalige Anordnung oder Wiederherstellung der aufschieb. Wirkung ist.
Vorläufiger Rechtsschutz hier bereits dadurch, dass Widerspruch und Anfechtungsklage gem. § 80 I VwGO grds. aufschiebende Wirkung haben, vgl. aber auch §§ 80 II, V, 80a VwGO.

einstweilige Anordnung, § 123 VwGO

(+), wenn es nicht um die Suspendierung eines belastenden VA geht (Vorrang des § 80 VwGO).
Bei allen Klagen außer Anfechtungsklage, d.h. Verpflichtungsklage, Leistungsklage oder Feststellungsklage (vgl. § 47 VI VwGO, wenn Hauptsache verwaltungsgerichtliches Normenkontrollverfahren).

Effektiver Rechtsschutz i.S.d. Art. 19 IV S.1 GG bedeutet v.a. auch vorläufiger Rechtsschutz. Das ergibt sich nicht nur aus der oft überlangen Dauer des Hauptsacheverfahrens, sondern insbesondere daraus, dass die Verwaltung mit dem VA, der auch bei Rechtswidrigkeit grds. wirksam und vollziehbar ist, als selbstgeschaffenem Vollstreckungstitel, vollendete Tatsachen und u.U. irreparable Nachteile schaffen kann.

Zwischen den zwei in der VwGO vorgesehenen Arten des vorläufigen Rechtsschutzes (der Wiederherstellung der aufschiebenden Wirkung und der einstweiligen Anordnung) wird bei der Frage der Statthaftigkeit gem. § 123 V VwGO unterschieden.

Machen Sie sich unbedingt den Unterschied zwischen vorläufigem und vorbeugendem Rechtsschutz klar. Der vorläufige Rechtsschutz greift i.d.R. nach einer behördlichen Anordnung ein, klärt den Streit aber nicht endgültig, das bleibt dem Hauptsacheverfahren überlassen. Vorbeugender Rechtsschutz dient der Abwehr zu erwartender Rechtsbeeinträchtigungen durch Verwaltungshandeln und wird durch eine endgültige gerichtliche Hauptsacheentscheidung gewährt. Auch vorläufiger vorbeugender Rechtsschutz ist denkbar und in der Praxis sogar der Normalfall, wenn der Kläger etwa eine vorbeugende Unterlassungsklage erhebt und bei dieser wegen der Eilbedürftigkeit Antrag auf Erlass einer einstweiligen Anordnung stellt.

§ 80 VwGO im Überblick

Grundsatz: § 80 I VwGO ⇨ aufschiebende Wirkung (+)

Ausnahme: § 80 II VwGO
⇨ aufschiebende Wirkung (-)

kraft Gesetzes

§ **80 II Nr.1 VwGO,** Anforderung von öffentlichen Kosten und Abgaben
§ **80 II Nr.2 VwGO,** unaufschiebbare Anordnungen und Maßnahmen von Polizeivollzugsbeamten
§ **80 II Nr.3 VwGO,** andere durch Bundes- bzw. Landesgesetz vorgeschriebene Fälle, v.a. § 212a BauGB

kraft behördlicher Anordnung

§ **80 II Nr.4 VwGO,** nur bei Rmk. d. Vollziehungsanordnung, d.h.

- Begr. gem. § 80 III S.1 VwGO
- sofortige Vollziehung liegt im überwiegenden öffentl. Interesse oder Interesse eines Beteiligten (Erfolgsaussichten des Rechtsbehelfs berücksichtigen!)

Anträge nach § 80 IV und V VwGO, die wieder zur aufschiebenden Wirkung führen

§ 80 I VwGO bestimmt als Regelfall den Eintritt des Suspensiveffekts von Anfechtungswiderspruch und Anfechtungsklage. Dadurch wird ein Ausgleich für die grundsätzliche Wirksamkeit des VA trotz dessen Rechtswidrigkeit geschaffen, die gem. § 43 II VwVfG aus Rechtssicherheitsgründen besteht. Nach der herrschenden Vollziehbarkeitstheorie, die allein dem gesetzlichen Wirksamkeits- und Aufhebungsmechanismus zwischen § 43 VwVfG und § 80 I VwGO gerecht wird, bleibt bei der aufschiebenden Wirkung die Wirksamkeit des VA als solche erhalten, es wird aber ein umfassendes Verwirklichungsverbot bzgl. des VA begründet, das sich sowohl an die Behörde als auch an Dritte richtet (a.A. strenge/eingeschränkte Wirksamkeitstheorie).

Die aufschiebende Wirkung tritt nach h.M. grds. mit Einlegung des Rechtsbehelfs unabhängig von dessen Erfolgsaussichten ein, und zwar rückwirkend auf den Erlasszeitpunkt. Zur Dauer vgl. § 80b VwGO. Etwas anderes gilt nur bei offensichtlicher Unzulässigkeit des Rechtsbehelfs (hier ist im Einzelnen vieles str.).

§ 80 II Nr.1 - 3 VwGO schließen den Eintritt der aufschiebenden Wirkung kraft Gesetzes aus. Nach § 80 II Nr.4 VwGO kann die Behörde den Wegfall der aufschiebenden Wirkung anordnen.

In allen Fällen des § 80 II VwGO können Ausgangs- bzw. Widerspruchsbehörde die Vollziehung aber grds. auch gem. § 80 IV VwGO aussetzen.

Besonders examensrelevant ist die Anordnung (in den Fällen des § 80 II Nr.1 - 3 VwGO) bzw. Wiederherstellung (in den Fällen des § 80 II Nr.4 VwGO) der aufschiebenden Wirkung durch das Gericht gem. § 80 V VwGO.

Zulässigkeit des Antrags nach § 80 V VwGO

1. Verw.rechtsweg	Eröffnung des Verwaltungsrechtswegs gem. §§ 80 V S.1, 40 I VwGO
2. Statthaftigkeit	gem. § 123 V VwGO (+), wenn Streitgegenstand erstmalige Anordnung oder Wiederherstellung der aufschiebenden Wirkung ist, i.d.R. wenn statthafte Klageart in der Hauptsache Anfechtungsklage • Anordnung d. aufsch. Wirkung gem. § 80 V S.1 VwGO (1.Alt.) i.F.d. § 80 II Nr.1-3 VwGO • Wiederherstellung d. aufsch. Wirkung gem. § 80 V S.1 VwGO (2.Alt.) i.F.d. § 80 II Nr.4 VwGO • Zusätzlich Möglichkeit d. § 80 V S.3 VwGO
3. Antragsbefugnis	§ 42 II VwGO analog
4. Allg. Rechtsschutzbedürfnis	⇨ außer bei § 80 II Nr.1 VwGO kein vorheriger Antrag nach § 80 IV VwGO nötig (str.): § 80 II VwGO ist Ausnahmevorschrift; Art. 19 IV GG; Verfahren nach § 80 IV und V VwGO stehen nebeneinander. ⇨ kein vorheriger Widerspruch i.d. Hauptsache nötig (str.); Arg.: Art. 19 IV GG und Zweck der Rechtsbehelfsfristen; auch keine vorherige Klageeinreichung nötig, vgl. Wortlaut § 80 V S.2 VwGO.
5. Keine Frist	aber Rechtsschutzbedürfnis (-); wenn VA unanfechtbar geworden ist
6. Weitere Voraussetzungen	Beteiligten-, Prozessfähigkeit gem. §§ 61, 62 VwGO; Antragsgegner (z.T. auch i.R.d. Begründetheit als Passivlegitimation) gem. § 78 I VwGO; Antragsform gem. §§ 81, 82 VwGO analog (telefon. Antragstellung kann wg.

Das Verfahren nach § 80 V VwGO ist ein eigenständiges Rechtsschutzverfahren mit großer praktischer Bedeutung und Examensrelevanz. Ein Antrag nach § 80 V VwGO hat Aussicht auf Erfolg, wenn er zulässig und begründet ist. Bei der Eröffnung des Verwaltungsrechtswegs gem. § 40 I VwGO, der gem. § 80 V VwGO <u>(Gericht der Hauptsache)</u> vorliegen muss, ist auf die Rechtswegeröffnung in der Hauptsache abzustellen.

Nach h.M. kann das Gericht analog § 80 V S.1 VwGO, wenn faktischer Vollzug durch die Behörde droht, auch feststellen, dass dem eingelegten Rechtsbehelf aufschiebende Wirkung zukomme und der VA nicht vollzogen werden dürfe. Nach faktischem Vollzug ist auch die Anordnung analog § 80 V S.3 VwGO möglich, die Vollziehungsmaßnahmen aufzuheben. Besteht der Verdacht, dass die Behörde die Anordnung der Vollziehung nur zurückhält, um dem Antragsteller Rechtsschutzmöglichkeiten zu entziehen, so ist § 80 V VwGO nach h.M. ausnahmsweise auch vorbeugend statthaft, um die Feststellung zu erreichen, dass eine Anordnung des angedrohten Sofortvollzugs rechtswidrig ist.
Zu Besonderheiten bei Leistungsbescheiden und im Ausländerrecht vgl. VerwR III, Rn. 133 f.
Antragsgegner ist im Verfahren nach § 80 V VwGO stets die Ausgangsbehörde bzw. deren Rechtsträger gem. § 78 I VwGO. § 78 II VwGO kann nicht analog angewendet werden, weil die Sofortvollzugsanordnung nur Annex zum Ausgangs-VA ist (str.).

Begründetheit des Antrags nach § 80 V VwGO

Antrag nach § 80 V S.1 (1.Alt.) VwGO

⇨ Vollziehbarkeit ergibt sich aus **§ 80 II S. 1 Nr.1-3 VwGO**
Begründetheit (+), wenn Aussetzungsinteresse Vollzugsinteresse überwiegt

⇨ gem. § 80 IV S.3 VwGO (gilt entspr. im gerichtlichen Verfahren, auch bei § 80 II Nr.2 u. 3 VwGO) soll i.d.R. Aussetzung erfolgen, wenn ernstliche Zweifel an der Rechtmäßigkeit des angefochtenen VA bestehen (hier Zulässigkeit u. Begründetheit d. Hauptsacheverfahrens prüfen!) oder die Vollziehung eine unbillige Härte zur Folge hätte
wenn Begründetheit (+), muss Gericht dem Antrag stattgeben (Art. 19 IV GG)

Antrag nach § 80 V S.1 (2.Alt.) VwGO

⇨ Vollziehbarkeit ergibt sich aus **§ 80 II S. 1 Nr.4 VwGO**
Begründetheit kann sich aus formellen Fehlern d. Vollziehungsanordnung oder aus Interessenabwägung ergeben

1. Formelle Rmk.:
   a) Zuständigkeit gem. § 80 II Nr.4 VwGO
   b) Verfahren: § 28 VwVfG gilt nicht (str.)
   c) Begründung gem. § 80 III VwGO, wenn (-) str., ob nur Aufhebung d. Vollziehungsanordnung oder Wiederherstellung d. aufschieb. Wirkung, nach h.M. keine Heilung durch Nachschieben möglich

2. Interessenabwägung:
Antrag begründet, wenn Vollzugsinteresse das Aussetzungsinteresse nicht überwiegt (wichtiger Abwägungsgesichtspunkt: Erfolgsaussichten i.d. Hauptsache)

Aus Sinn und Zweck der Gesamtregelung des § 80 VwGO ergibt sich, dass die Begründetheit des Antrags nach § 80 V S.1 VwGO von der Abwägung zwischen dem öffentlichen Interesse am sofortigen Vollzug des VA und dem Aussetzungsinteresse des Antragstellers abhängig ist. Eine vergleichbare Abwägung findet auch i.R.d. § 80 II S.1 Nr.4 VwGO und § 80 IV VwGO statt. Dabei trifft das Gericht grds. eine eigene, originäre Ermessensentscheidung unabhängig von einer etwaigen Behördenentscheidung.

Im Fall des § 80 V S.1 (2.Alt.) VwGO werden aber vom Gericht zunächst die formellen Rechtmäßigkeitsvoraussetzungen der Behördenentscheidung nach § 80 II S.1 Nr.4 VwGO überprüft. Nur wenn bei dieser Nachprüfung der Anordnung der sofortigen Vollziehung keine Fehler aufgedeckt werden, trifft das Gericht eine eigene originäre Entscheidung über die Wiederherstellung der aufschiebenden Wirkung.

In der Klausur sollten Sie darauf hinweisen, dass das Gericht bei der Eilentscheidung des § 80 V VwGO jedenfalls im tatsächlichen Bereich nur eine summarische Prüfung durchführt. Sie müssen die Rechtslage aber genauso gründlich prüfen wie in der Hauptsacheentscheidung!
Beachten Sie, dass durch die Berücksichtigung der Erfolgsaussichten in der Hauptsache i.R.d. Interessenabwägung die "§ 80 V-Klausur" vielfach die gleichen Anforderungen stellt wie die gewöhnliche Klausur - nur im Rahmen eines verschachtelten Aufbaus!
Der Antrag gem. § 80 V S.3 VwGO ist begründet, wenn bei bereits vollzogenem VA dem Antrag nach § 80 V S.1 VwGO stattgegeben wird und der Antragsteller einen materiellrechtlichen Anspruch auf Folgenbeseitigung hat. Zum Entscheidungsinhalt bei § 80 V S.3 VwGO vgl. VerwR III, Rn. 178.
Beachten Sie auch die Möglichkeit des Abänderungsverfahrens gem. § 80 VII VwGO, das von der Beschwerde gem. §§ 146 ff. VwGO gegen die Entscheidung nach § 80 V VwGO abzugrenzen ist.

Vorläufiger Rechtsschutz nach § 80a I, III VwGO

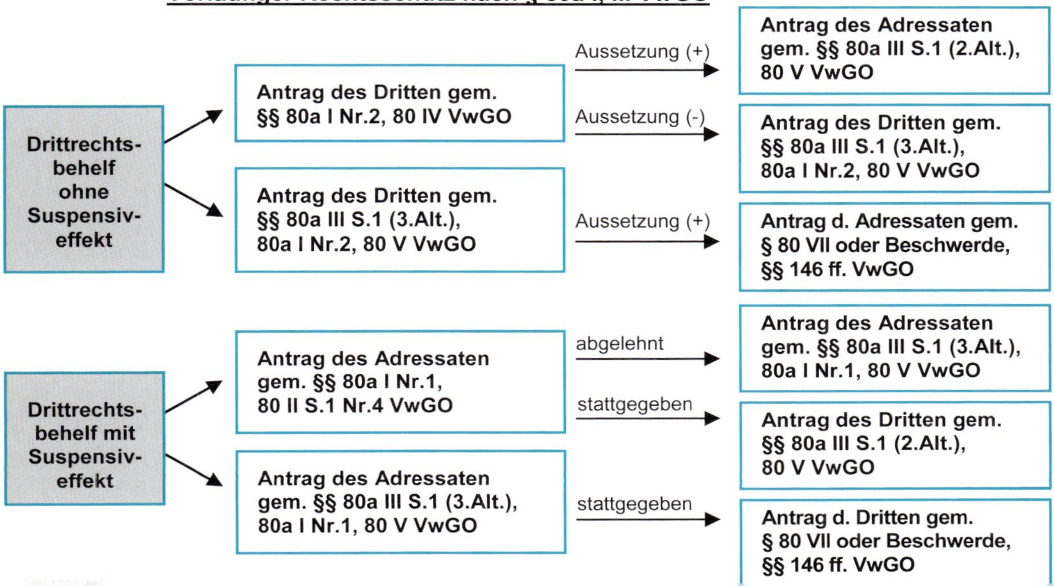

§ 80a I, III VwGO ergänzt für Verwaltungsakte mit Doppelwirkung (besser: Drittwirkung, d.h. durch den VA wird ein Betroffener rechtlich begünstigt und zugleich ein anderer belastet) den Rechtsschutz nach § 80 VwGO und ist gem. § 123 V VwGO auch gegenüber dem Rechtsschutz des § 123 I VwGO vorrangig. § 80a II, III VwGO regeln den „umgekehrten“ Fall des den Adressaten belastenden, den Dritten aber indirekt begünstigenden VA.

Gem. §§ 80a, 80 I S.2 VwGO haben Drittwiderspruch und Drittanfechtungsklage aufschiebende Wirkung. Die Rechtsschutzmöglichkeiten des § 80a VwGO sind die gleichen wie in § 80 VwGO. Also gilt das dazu Ausgeführte hier entsprechend. Umseitig wurde die Systematik des § 80a VwGO an zwei abstrakten Beispielen dargestellt. Bitte versuchen Sie, diese mit Hilfe des Gesetzeswortlauts nachzuvollziehen. Str. ist, ob immer erst ein Antrag zur Behörde nötig ist, §§ 80a III S. 2, 80 VI VwGO.

Hat der eingelegte Drittrechtsbehelf keine Suspensivwirkung, so wird der Dritte versuchen, diese wie in Bsp. 1 herbeizuführen. Beachten Sie dabei das Erfordernis der verletzten drittschützenden Norm i.R.d. Abwägung des § 80 IV VwGO bzw. bei der Antragsbefugnis und der Interessenabwägung i.R.d. Antrags nach § 80 V VwGO. Nach h.M. ist vor einem Antrag gem. §§ 80a III, 80 V VwGO (außer im Fall des § 80 II S.1 Nr.1 VwGO) ein erfolgloser Antrag nach §§ 80a I, 80 IV VwGO nicht nötig (VerwR III, Rn. 191). Hat der Drittrechtsbehelf aufschiebende Wirkung, so wird der Adressat wie in Bsp. 2 versuchen, die sofortige Vollziehbarkeit zu erreichen. Auch hier muss nach h.M. nicht vor einem Antrag bei Gericht ein behördlicher Antrag gem. § 80a I Nr.1 VwGO gestellt werden.

Bei der faktischen Vollziehung durch Private trotz Suspensivwirkung des Drittrechtsbehelfs sind §§ 80, 80a VwGO nach h.M. entsprechend anzuwenden (vgl. dazu VerwR III, Rn. 193), siehe Wortlaut des § 80a I Nr.2 VwGO „Maßnahme zur Sicherung“.

Die gesonderte Regelung in § 80a II VwGO für VAe, die für den Adressaten belastend, für einen Dritten aber begünstigend sind, hat nur für Dritten Bedeutung. Für den Adressaten selbst richtet sich der Rechtsschutz direkt nach § 80 IV, V VwGO.

Einstweilige Anordnung nach § 123 VwGO

I. Zulässigkeit des Antrags nach § 123 I VwGO

1. Eröffnung des Verwaltungsrechtswegs, §§ 123 II S.1, 40 I VwGO
2. Statthaftigkeit
   a) § 123 V VwGO: Abgrenzung zu §§ 80, 80a VwGO
   b) Abgrenzung Sicherungsanordnung (§ 123 I S.1 VwGO) - Regelungsanordnung (§ 123 I S.2 VwGO)
3. Antragsbefugnis, § 42 II VwGO analog
   Möglichkeit von Anordnungsgrund (Eilbedürftigkeit) u. –anspruch (S.1: mögl. Anspruch i.d. Hauptsache, S.2: streitiges Rechtsverhältnis, aus dem der Antragsteller eigene Rechte ableitet)
4. Allg. Rechtsschutzbedürfnis
   i.d.R. (-), wenn kein vorheriger Antrag bei Behörde
5. Zuständigkeit des Gerichts, § 123 II VwGO
6. Beteiligten- u. Prozessfähigkeit, §§ 61, 62 VwGO
7. Ordnungsgemäßer Antrag, §§ 81, 82, 123 III VwGO, 920 ZPO

II. Begründetheit des Antrags nach § 123 I VwGO

1. Anordnungsanspruch und –grund glaubhaft gemacht, §§ 123 III VwGO, 920 II, 294 ZPO.
2. Interessensabwägung gem. §§ 123 II VwGO, 938 I ZPO: die für den Erlass der e.A. sprechenden Gründe müssen überwiegen (h.M.).
3. Einschränkungen des Entscheidungsspielraums beachten!

Die Gewährung vorläufigen Rechtsschutzes nach § 123 I VwGO ist anders als bei §§ 80, 80a VwGO ausschließlich dem Gericht vorbehalten, weil nur das VG in die Zuständigkeit der Verwaltung eingreifen und sie zu einem Verhalten veranlassen kann. Der mögliche Inhalt einer einstweiligen Anordnung muss zudem noch nach den Umständen des Einzelfalls individuell festgelegt werden.

Der Antrag auf Erlass einer einstweiligen Anordnung ist gem. § 123 I VwGO statthaft in der Form der Sicherungsanordnung (S.1) und der Regelungsanordnung (S.2). Als Faustregel können Sie sich merken, dass S.1 einschlägig ist, wenn es um die Erhaltung des status quo geht und S.2, wenn die vorläufige Begründung oder Erweiterung einer Rechtsposition erreicht werden soll.

Der Antrag ist begründet, wenn eine summarische Prüfung ergibt, dass der behauptete Anordnungsanspruch und -grund auf glaubhaft gemachter Tatsachenbasis tatsächlich vorliegen. Dann hat das Gericht nach h.M. eine Ermessensentscheidung hinsichtlich des „Ob“ und des „Wie“, d.h. des Inhalts zu treffen, in der alle öffentlichen und privaten Interessen abzuwägen sind. Die Entscheidung hängt von den Erfolgsaussichten in der Hauptsache ab. Diese können Sie bei der Sicherungsanordnung i.R.d. Anordnungsanspruchs, bei der Regelungsanordnung i.R.d. Anordnungsgrundes berücksichtigen (im einzelnen str.).

Durch eine einstweilige Anordnung darf grds. nicht mehr gewährt werden, als durch die Klage in der Hauptsache erreicht werden kann. Eine Vorwegnahme der Hauptsache ist ebenfalls unzulässig. Ausnahmen werden aber von beiden Grundsätzen gem. Art. 19 IV GG gemacht (z.B. bei Bescheidungsurteil i.d. Hauptsache oder der sog. Leistungsanordnung).

Vorläufiger Rechtsschutz im Normenkontrollverfahren, § 47 VI VwGO

I. Zulässigkeit des Antrags nach § 47 VI VwGO

1. Verwaltungsrechtsweg, §§ 47 VI, I, 40 I VwGO
2. Statthaftigkeit
   (+), wenn in der Hauptsache Normenkontrolle nach § 47 VwGO statthaft ist (wie bei § 123 I VwGO auch schon vor NK-Antrag in der Hauptsache)
3. Antragsbefugnis
   a) Voraussetzung d. § 47 II S.1 VwGO, Antragsbefugnis in der Hauptsache
   b) Anordnungsgrund: Eilbedürftigkeit gem. § 47 VI VwGO
4. Rechtsschutzbedürfnis
   (-), wenn ausreichende Verteidigungsmöglichkeiten nach §§ 80, 123 VwGO
5. Beteiligtenfähigkeit gem. §§ 47 II, 61, 62 VwGO
6. Zuständiges Gericht, §§ 47 VI, I VwGO
7. Antrag gem. §§ 81, 82 VwGO

II. Begründetheit des Antrags nach § 47 VI VwGO

(+), wenn Erlass der einstweiligen Anordnung dringend geboten zur Abwehr schwerer Nachteile oder aus anderen wichtigen Gründen.

I.R.d. verwaltungsgerichtlichen Normenkontrollverfahrens findet einstweiliger Rechtsschutz gem. § 47 VI VwGO statt, der im wesentlichen § 32 BVerfGG nachgebildet ist. Ergänzend können auch die Verfahrensvorschriften des § 123 II - IV VwGO herangezogen werden. Die Antragsbefugnis setzt wie in anderen Verfahren des vorläufigen Rechtsschutzes nicht nur die Antragsbefugnis in der Hauptsache gem. § 47 II VwGO voraus, sondern auch als Anordnungsgrund die Eilbedürftigkeit i.S.d. § 47 VI VwGO.

Die Begründetheit des Antrags richtet sich nach § 47 VI VwGO, der strengere Voraussetzungen enthält als § 123 I VwGO. Wie bei anderen Verfahren im vorläufigen Rechtsschutz ist eine Interessenabwägung vorzunehmen. Die Folgen, die eintreten würden, wenn eine einstweilige Anordnung nicht erginge, der Normenkontrollantrag aber Erfolg hätte, sind abzuwägen mit den Nachteilen, die entstünden, wenn die vielleicht gültige Norm vorläufig außer Vollzug gesetzt würde. Wichtige Kriterien sind also auch hier die Erfolgsaussichten in der Hauptsache und die Gefahr vollendeter Tatsachen.

Auch i.R.d. § 47 VI VwGO gilt grds. das Verbot der Vorwegnahme der Hauptsache.

Umstritten ist, ob eine einstweilige Anordnung nach § 47 VI VwGO nur zu einer generellen oder auch zu einer individuellen Aussetzung des Normvollzugs führen kann. Effektiver Rechtsschutz wird oft besser durch individuelle Aussetzung gewährleistet, da dann die Interessenabwägung eher für den Antragsteller sprechen wird.

Vorbeugender Rechtsschutz

Formen des vorbeugenden Verwaltungsrechtsschutzes

vorbeugende Unterlassungsklagen

1. gegen schlicht-hoheitl. Verwaltungshandeln

⇨ Möglichkeit einer vorbeugenden Unterlassungsklage weitgehend anerkannt (Unterfall d. Leistungsklage), da Möglichkeiten des § 80 I VwGO nicht bestehen. Bevorstehendes Handeln muss sich schon konkretisiert haben

2. gegen VAe:

⇨ besonderes, vorbeugenden Rechtsschutz rechtfertigendes Rechtsschutzinteresse; nur ausnahmsweise, wenn:
- VA mit Strafe/Geldbuße bewehrt
- bei regelmäßig eintretender kurzfristiger Erledigung des VA (aber FFK, § 113 I S.4 VwGO)
- VA schafft vollendete Tatsachen

⇨ grds. aber (-), da Möglichkeiten des § 80 I VwGO bestehen

vorbeugende Feststellungsklagen

⇨ Feststellungen in Zusammenhang mit bestehendem konkretem Rechtsverhältnis, die sich auf drohende zukünftige Verwaltungsmaßnahmen beziehen

⇨ Anwendungsbereich jdf. (+), wenn Rechtsschutzziel so besser erreichbar als mit Leistungsklage, sonst str., wie weit Subsidiarität d. Feststellungsklage reicht

vorbeugende Klagen gg. (untergesetzl.) Rechtsnormen

⇨ wenn zukünftige Normen schon rechtl. oder tatsächl. Veränderungen herbeiführen oder zu Dispositionen nötigen

⇨ h.M.: nicht Analogie zu § 47 VwGO, aber vorbeugende Unterlassungs- oder Feststellungsklage, z.B. „Krabbencamp-Entscheidung“ d. BVerwG (Klage d. Nachbargemeinde gegen Erlass eines Bebauungsplanes)

HEMMER-METHODE zu ÜK 11

Zur Unterscheidung zwischen vorbeugendem und vorläufigem Rechtsschutz vgl. schon ÜK 4!
Die Zulässigkeit von vorbeugendem Rechtsschutz im Unterschied zu repressivem Rechtsschutz, von dem die VwGO und auch Art. 19 IV GG ausgehen, ist mittlerweile von der h.M. anerkannt. Durch gegenseitige Kontrolle sei die Gewaltenteilung nicht beeinträchtigt und für eine „rechtsverletzende" effektive Verwaltung bestehe kein Bedürfnis.

Allerdings wird vom Kläger ein qualifiziertes, gerade auf die Inanspruchnahme vorbeugenden Rechtsschutzes gerichtetes Rechtsschutzinteresse verlangt. Dieses liegt nicht vor, solange der Betroffene in zumutbarer Weise auf den von der VwGO als ausreichend und angemessen angesehenen nachträglichen Rechtsschutz (auch §§ 80 V, 123 VwGO) verwiesen werden kann. Es kann zu bejahen sein, wenn sonst vollendete, nicht ohne weiteres rückgängig zu machende Tatsachen geschaffen werden, ein nicht mehr wiedergutzumachender Schaden entsteht oder auch, wenn der Bürger sonst gegen eine Vielzahl zu erwartender Verwaltungsakte klagen müsste, insbesondere wenn er nicht damit rechnen kann, dass diese ihm bekanntgegeben werden.

Dieses Rechtsschutzbedürfnis ist i.R.d. Zulässigkeit von Klagen, die auf vorbeugenden Rechtsschutz gerichtet sind, als Hauptproblem zu prüfen.

Rechtsmittel: Berufung

I. Zulässigkeit der Berufung

1. **Statthaftigkeit, § 124 I VwGO**
   auch bei Gerichtsbescheiden gem. § 84 II Nr.1, 2 VwGO; Zulässigkeit einer Berufung nur bei Zulassung durch VG bzw. durch OVG (in Bayern: VGH gem. § 184 VwGO, Art. 1 I BayAGVwGO); Zulassung durch VG im Urteil, § 124a I VwGO; Antrag auf Zulassung der Berufung gem. § 124a IV VwGO durch postulationsfähigen Vertreter gem. § 67 IV S.2 VwGO muss zulässig und gem. § 124 II VwGO begründet sein.
2. **Berufungsberechtigung, § 124 I VwGO**
   Beteiligte der ersten Instanz, §§ 125 I S.1, 63 VwGO
3. **Beschwer** (ggf. schon i.R.d. Antrags auf Zulassung prüfen!)
   nach h.M. für Kläger und Beklagten formelle Beschwer ausr., bei Beigeladenem als Berufungskläger materielle Beschwer nötig, da Völ und bei unselbständiger Anschlussberufung (§ 127 VwGO) keine Beschwer nötig
4. Bei Zulassung durch das VG **Berufungsfrist** nach § 124a II VwGO
5. **Berufungsbegründungsfrist, § 124a III S.1 bzw. VI S.1 VwGO**
6. **Weitere Voraussetzungen,** falls problematisch (z.B. Vertretung, § 67 IV VwGO; kein Ausschluss durch Verzicht oder Verwirkung)

II. Begründetheit der Berufung

(+), wenn angegriffene Entscheidung des VG rechtsfehlerhaft ist, d.h. Ausgangsklage zulässig und begründet war oder Verfahrensfehler vorliegen (Bsp.: Gerichtsbescheid etc.)

Die Rechtsmittel der VwGO sind Berufung, Revision und Beschwerde. Ihre besonderen Kennzeichen sind Devolutiveffekt (Zuständigkeit der höheren Instanz wird begründet), Suspensiveffekt (Hemmung des Eintritts der Rechtskraft) und Verbot der Verböserung (reformatio in peius, §§ 129, 141 VwGO; allerdings gilt dies nicht bei eingelegter Anschlussberufung, -revision).

Mit der Berufung wird die erstinstanzliche Entscheidung in tatsächlicher und rechtlicher Hinsicht überprüft. Sie hat Aussicht auf Erfolg, wenn sie zulässig und begründet ist. I.R.d. Zulässigkeit ist v.a. die Voraussetzung der Zulassung durch das VG/OVG zu beachten. Nur wenn das VG im Urteil nach § 124a I VwGO bzw. das OVG im Verfahren nach § 124a IV, V VwGO die Berufung zugelassen hat, ist die Berufung statthaft.

I.R.d. Begründetheit der Berufung wird die Entscheidung der ersten Instanz überprüft, d.h. Zulässigkeit und Begründetheit der Ausgangsklage und Verfahrensfehler. Bei der Zulässigkeit der Ausgangsklage wird aber nicht mehr geprüft, ob der Verwaltungsrechtsweg und die sachliche und örtliche Zuständigkeit gegeben waren, § 17a V GVG bzw. § 83 S.1 VwGO i.V.m. § 17a V GVG. Bei der Prüfung der Begründetheit der Ausgangsklage ist zu beachten, dass in den Grenzen des § 128a VwGO neue Beweismittel vorgebracht werden können. Ein Verfahrensmangel ist nur beachtlich, wenn nicht auszuschließen ist, dass ohne ihn (aus Sicht des VG) das Urteil anders ausgefallen wäre (immer bei den in § 138 VwGO aufgezählten Fehlern). § 144 IV VwGO gilt entsprechend (nicht bei Fehlern aus § 138 VwGO). Ist die Berufung begründet, hebt das OVG das Urteil auf und fällt grds. eine eigene Sachentscheidung, vgl. aber auch § 130 VwGO.

Rechtsmittel: Revision zum BVerwG

I. Zulässigkeit der Revision

1. Statthaftigkeit, §§ 132 ff. VwGO

⇨ gegen Urteile und Beschlüsse des OVG gem. § 47 V S.1 VwGO (beachten Sie auch § 125 II S.4 VwGO)

⇨ Sprungrevision gem. § 134 VwGO

⇨ bei bundesgesetzlichem Ausschluss der Berufung gem. § 135 VwGO gegen Urteile des VG

⇨ in allen Fällen nur nach Zulassung gem. § 132 II VwGO bzw. § 135 VwGO bzw. auf Nichtzulassungsbeschwerde hin gem. § 133 VwGO (bei Sprungrevision ist § 134 VwGO zu beachten)

2. Revisionsberechtigung, §§ 132 I, 63 VwGO

3. Beschwer (wie bei Berufung)

4. Form u. Frist, § 139 VwGO

5. weitere Zulässigkeitsvoraussetzungen, falls problematisch

II. Begründetheit der Revision

(+), wenn das angefochtene Urteil auf der Verletzung revisiblen Rechts beruht (§ 137 I VwGO) und sich die Entscheidung auch nicht aus anderen Gründen als richtig darstellt (§ 144 IV VwGO).

Die Revision zum BVerwG dient nicht nur dem Rechtsschutz des Bürgers, sondern auch der Bindung von Exekutive und Legislative an das Gesetz (Art. 20 III GG), der Einheitlichkeit der Rechtsprechung und der Fortbildung des Rechts. Daraus ergibt sich die auf rechtliche Fragen beschränkte Prüfung des BVerwG gem. §§ 137 f. VwGO.

I.R.d. Zulässigkeit der Revision ist zu beachten, dass die Revision nur statthaft ist, wenn das Gericht, dessen Entscheidung angegriffen werden soll, sie ausdrücklich zugelassen hat oder das BVerwG selbst sie auf Nichtzulassungsbeschwerde hin zulässt. Aus dem gem. § 67 IV VwGO vor dem BVerwG (sowie dem OVG) bestehenden Anwaltszwang folgt die fehlende Postulationsfähigkeit des Rechtsmittelführers selbst. Diese ist Prozesshandlungsvoraussetzung (kann also etwa zur Unwirksamkeit der Revisionseinlegung führen), nicht aber Zulässigkeitsvoraussetzung.

Bei der Prüfung der Begründetheit ergibt sich ein recht komplizierter Schachtelaufbau: Zunächst wird geprüft, ob eine Rechtsverletzung vorliegt. Ist Gegenstand der Revision das Berufungsurteil, sind zuerst Zulässigkeit der Berufung und Verfahrensrügen bzgl. des Berufungsverfahrens (letzteres nur bei frist- und formgerechter Rüge gem. § 139 III VwGO) zu prüfen. I.R.d. Überprüfung der Begründetheit der Berufung sind dann Zulässigkeit und Begründetheit der Klage in 1. Instanz sowie Verfahrensfehler in erster Instanz zu untersuchen. Ist ein Rechtsverstoß gefunden, so muss die verletzte Norm auch gem. § 137 I VwGO revisibel sein. Schließlich muss das Urteil auf der Verletzung revisiblen Rechts beruhen (vgl. § 138 VwGO). Beachten Sie auch § 144 IV VwGO (gilt nicht bei Fehlern gem. § 138 VwGO). Die Entscheidung erfolgt gem. § 144 II, III VwGO.

Rechtsmittel: Beschwerde

I. Zulässigkeit der Beschwerde

1. Statthaftigkeit, § 146 VwGO
   ⇨ gg. Entscheidungen des VG, des vors. Richters bzw. des Berichterstatters (§ 82 II S.1 VwGO), die nicht Urteile oder Gerichtsbescheide sind und nicht durch Gesetz von der Beschwerde ausgeschlossen sind (z.B. §§ 146 II-VI, 60 V VwGO, aber kein Ausschluss bei greifbarer Gesetzeswidrigkeit)
2. Beschwerdeberechtigung, § 146 I VwGO
   ⇨ die Beteiligten (§ 63 VwGO), sonstige von der Entscheidung betroffene Dritte
3. Beschwer
   ⇨ außer Kläger u. Beklagtem müssen alle mat. Beschwer nachweisen
4. Form u. Frist, § 147 I VwGO
5. In den Fällen des § 146 IV VwGO muss die Beschwerde fristgerecht begründet werden.

II. Begründetheit der Beschwerde

(+), wenn die Entscheidung unzulässig, verfahrenswidrig oder unbegründet ist.

HEMMER-METHODE zu ÜK 14

Die Beschwerde gem. §§ 146 ff. VwGO entfaltet nur in den Grenzen des § 149 VwGO Suspensivwirkung. Devolutivwirkung tritt gem. § 148 VwGO erst ein, wenn das VG der Beschwerde nicht abhilft und sie daraufhin dem OVG vorlegt. Dennoch bzw. deshalb bezeichnet die VwGO die Beschwerde wie die Berufung und die Revision als Rechtsmittel (vgl. Überschrift vor § 124 VwGO).

Eine Beschwerde ist nach § 146 I VwGO grundsätzlich nur gegen Entscheidungen der Verwaltungsgerichte möglich, nicht jedoch gegen Entscheidungen der OVGs, vgl. §§ 146, 152 I VwGO. Ausnahmen sind die Nichtzulassungsbeschwerde gem. § 133 VwGO i.R.d. Revision (nicht bei Berufung, vgl. § 124a V S.4 VwGO) sowie die Fälle des § 99 II VwGO, § 17a IV GVG.

Von den Rechtsmitteln der VwGO zu unterscheiden sind die Wiederaufnahme des Verfahrens sowie die Anhörungsrüge nach § 152a VwGO als außerordentliche gerichtliche Rechtsbehelfe. Mit dem Wiederaufnahmeverfahren nach § 153 VwGO i.V.m. §§ 578 - 591 ZPO kann eine rechtskräftige Entscheidung beseitigt und durch eine neue ersetzt werden. Ist die Wiederaufnahme zulässig und begründet (dazu VerwR III, Rn. 361 f.), so entscheidet das Gericht in der Hauptsache neu.

Stichwortverzeichnis

§ 123 VwGO,
Einstweilige Anordnung .... VerwR III 9

§ 80 V VwGO
Begründetheit des Antrags .... VerwR III 7
Zulässigkeit des Antrags .... VerwR III 6
Überblick .... VerwR III 5

§ 80a VwGO
Vorläufiger Rechtsschutz .... VerwR III 8

A

Abstrakte Normenkontrolle .... StaatsR II 2

Allg. Feststellungsklage,
Prüfungsschema .... VerwR II 13 ff.

Allgemeine Leistungsklage
Prüfungsschema .... VerwR II 7
Verwaltungsrechtsweg .... VerwR II 8

Allgemeiner Gleichheitssatz,
Art. 3 I GG .... StaatsR I 11

Anfechtungsklage
Prüfungsschema .... VerwR I 2
Begründetheit .... VerwR I 12
Rechtsverletzung des Klägers. VerwR I 16
Sonderfälle .... VerwR I 5
Vorverfahren .... VerwR I 7
weitere Zulässigkeitsvorauss..... VerwR I 9
Zulässigkeit, Klagebefugnis .... VerwR I 6

Auswärt. Beziehungen .... StaatsR II 16

B

Begründetheit
der Anfechtungsklage .... VerwR I 12
der Verfassungsbeschwerde .. StaatsR I 6
des Widerspruchs .... VerwR III 3

Berufsfreiheit, Art. 12 GG .... StaatsR I 16

Berufung .... VerwR III 12

Beschwerde .... VerwR III 14

Stichwortverzeichnis

Bund-Länder-Streit .... StaatsR II 4

Bundespräsident
  wichtigste Befugnisse .... StaatsR II 11

Bundesregierung
  Bildung der .... StaatsR II 12
  Verantwortlichkeit.................. StaatsR II 12

Bundestag
  Funktionen des .... StaatsR II 14
  Wahl des .... StaatsR II 13

E

Einstweilige Anordnung,
  § 32 BVerfGG .... StaatsR II 5

Erstattungsanspruch,
  öffentlich-rechtlicher .... VerwR II 10

F

Finanzverfassung,
  Überblick .... StaatsR II 15

Folgenbeseitigungsanspruch......... VerwR II 9

Fortsetzungsfeststellungsklage
  Problemfelder .... VerwR II 6
  Prüfungsschema I.................... VerwR II 4
  Prüfungsschema II .... VerwR II 5

Freie Entfaltung der Persönlichkeit,
  Art. 2 I GG .... StaatsR I 10

Freiheitsgrundrechte,
  Verletzung .... StaatsR I 8

Funktionen des Bundestags ...... StaatsR II 14

G

Gesetzgebungskompetenzen...... StaatsR II 8

Stichwortverzeichnis

Gesetzgebungsverfahren,
Überblick ..... StaatsR II 9
Gewissensfreiheit, Art. 4 GG ..... StaatsR I 12
Gleichheitssatz, allgemeiner,
Art. 3 I GG ..... StaatsR I 11
Grundrechte ..... StaatsR I 10 ff.
Art. 10, 11 und 13 GG ..... StaatsR I 20
Art. 1 I, 2 II 1, II 2,
104 GG ..... StaatsR I 18
Überblick über
Art. 6 und 7 GG ..... StaatsR I 19
Grundrechtsfunktionen ..... StaatsR I 7

I

Informationsfreiheit ..... StaatsR I 13

K

Klagebefugnis
Anfechtungsklage ..... VerwR I 6
Klagegegner
Passivlegitimation ..... VerwR I 11
Kommunalverfassungsstreit ..... VerwR II 12
Konkrete Normenkontrolle ..... StaatsR II 3
Kunstfreiheit, Art. 5 III GG ..... StaatsR I 14

M

Meinungsfreiheit ..... StaatsR I 13

N

Nebenbestimmungen
Begründetheit der Anfechtungs-
klage ..... VerwR I 18
Statthaftigkeit der
Anfechtungsklage ..... VerwR I 17
Normenkontrolle
abstrakte ..... StaatsR II 2

Stichwortverzeichnis

konkrete .... *StaatsR II 3*
Normenkontrollverfahren
Prüfungsschema .... *VerwR II 16*
Problemfelder .... *VerwR II 18*
Rechtsvorschrift i.S.d. § 47 VwGO .... *VerwR II 17*
vorläufiger Rechtsschutz .... *VerwR III 10*

O

Öffentlich-rechtlicher Erstattungsanspruch .... *VerwR II 10*
Öffentlich-rechtlicher Vertrag .... *VerwR II 11*
Ordnungsgemäße Durchführung des Vorverfahrens .... *VerwR I 8*
Organstreit, Art. 93 I Nr. 1, §§ 13 Nr. 5, 63-67 BVerfGG .... *StaatsR II 1*

P

Passivlegitimation, Klagegegner .... *VerwR I 11*
Politische Parteien .... *StaatsR II 17*
Pressefreiheit .... *StaatsR I 13*
Probleme zwischen Zulässigkeit und Begründetheit .... *VerwR I 10*
Prüfungsschema zum Widerspruch .... *VerwR III 2*

R

Rechtsbehelfe, Überblick .... *VerwR I 1*
Rechtsmittel
Berufung .... *VerwR III 12*
Beschwerde .... *VerwR III 14*
Revision zum BVerwG .... *VerwR III 13*

Stichwortverzeichnis

Rechtsstaatsprinzip, Ausprägungen ... StaatsR II 7
Rechtsverletzung des Klägers, Anfechtungsklage ... VerwR I 16
Rechtsvorschrift, Überprüfung ... VerwR II 19
Rechtswegerschöpfung ... StaatsR I 5
Reformatio in peius, Widerspruchsverfahren ... VerwR I 21
Religionsfreiheit, Art. 4 GG ... StaatsR I 12
Revision ... VerwR III 13
Rücknahme-VA, Anfechtungsklage ... VerwR I 19
Rundfunkfreiheit ... StaatsR I 13

S

Schutz des Eigentums, Art. 14 GG ... StaatsR I 17
Sonderfälle der Anfechtungsklage ... VerwR I 5
Staatszielbestimmungen, Überblick ... StaatsR II 6
Statthaftigkeit d. Anfechtungsklage gegen Nebenbestimmungen ... VerwR I 17
Subsidiaritätsgrundsatz ... StaatsR I 5

U

Überblick über Art. 8 u. 9 I GG ... StaatsR I 15
Überblick über das Gesetzgebungsverfahren ... StaatsR II 9
Überblick über die Finanzverfassung ... StaatsR II 15
Überblick über die Staatszielbestimmungen ... StaatsR II 6
Überblick über Rechtsbehelfe ... VerwR I 1
Überprüfung der Rechtsvorschrift ... VerwR II 19

Stichwortverzeichnis

V

VA
Begriff gem. § 35 VwVfG .... *VerwR I 4*
formelle Rechtmäßigkeit .... *VerwR I 13*
materielle Rechtmäßigkeit ...... *VerwR I 14*
Verfassungsbeschwerde,
Antragsberechtigung .... *StaatsR I 2*
Begründetheit der .... *StaatsR I 6*
Beschwerdebefugnis .... *StaatsR I 4*
Beschwerdegegenstand .... *StaatsR I 3*
Zulässigkeitsvoraus-
setzungen .... *StaatsR I 1*
Verletzung von Freiheits-
grundrechten (I) .... *StaatsR I 8*
Verletzung von Freiheits-
grundrechten (II) .... *StaatsR I 9*
Verpflichtungsklage
Prüfungsschema .... *VerwR II 1*
Statthaftigkeit .... *VerwR II 3*
Verwaltungsrechtsweg .... *VerwR II 2*
Vertrag,
öffentlich-rechtlicher .... *VerwR II 11*
Verwaltungskompetenzen
im Grundgesetz .... *StaatsR II 10*
Völkerrechtl. Verträge .... *StaatsR II 16*
Vorbeugender Rechtsschutz ...... *VerwR III 11*
Vorläufiger Rechtsschutz
im Normenkontrollverfahren .. *VerwR III 10*
Überblick .... *VerwR III 4*
Vorverfahren
Anfechtungsklage .... *VerwR I 7*
ordnungsgemäße Durch-
führung .... *VerwR I 8*

W

Wahl des Bundestags .... *StaatsR II 13*

Stichwortverzeichnis

Weltanschauungsfreiheit,
Art. 4 GG ..... StaatsR I 12

Widerrufs-VA,
Anfechtungsklage ..... VerwR I 20

Widerspruch
Begründetheit ..... VerwR III 3
Prüfungsschema zum ..... VerwR III 2

Widerspruchsverfahren,
Reformatio in peius, ... VerwR I 21

Widerspruchsverfahren,
Überblick ..... VerwR III 1

Wissenschaftsfreiheit,
Art. 5 III GG ..... StaatsR I 14

Z

Zulässigkeit der Anfechtungs-
klage: Klagebefugnis ..... VerwR I 6

Zulässigkeit der Anfechtungs-
klage: Vorverfahren ..... VerwR I 7

Zulässigkeitsvoraussetzungen
Verfassungsbeschwerde ..... StaatsR I 1